世界最美丽的女富豪

韦甜甜/著

The most beautiful female billionaires around the world

中华工商联合出版社

图书在版编目(CIP)数据

世界最美丽的女富豪 / 韦甜甜著. —北京：中华工商联合出版社，2013.10
ISBN 978-7-5158-0719-5

Ⅰ. ①世… Ⅱ. ①韦… Ⅲ. ①女性-企业家-生平事迹-世界 Ⅳ. ①K815.38

中国版本图书馆 CIP 数据核字(2013)第 207602 号

世界最美丽的女富豪

作　　者：韦甜甜
责任编辑：吕　莺　郑承运
装帧设计：吴小敏
责任审读：郭敬梅
责任印制：迈致红
出版发行：中华工商联合出版社有限责任公司
印　　刷：三河市燕春印务有限公司
版　　次：2013 年 10 月第 1 版
印　　次：2024 年 5 月第 3 次印刷
开　　本：710mm×1000 mm　1/16
字　　数：270 千字
印　　张：15
书　　号：ISBN 978-7-5158-0719-5
定　　价：72.00 元

服务热线：010-58301130
销售热线：010-58302813
地址邮编：北京市西城区西环广场 A 座
19-20 层,100044
http://www.chgslcbs.cn
E-mail:cicap1202@sina.com(营销中心)
E-mail:gslzbs@sina.com(总编室)

前言

你是个不甘平庸的女青年吗？

你是个渴望成功的女性吗？

你是个渴望幸福的女性吗？

如果幸福和成功可以并存，你相信吗？

每一个女性的成长，注定有一番风雨涅槃贯穿始终。那是努力奋进的精神、睿智的见解和深刻的哲理。而每一个女性的成长路上，必然有一个榜样，让女人焕发“朵朵葵花向太阳”般的震撼与感动。

本书精选十余位人类历史上最有影响力的女性财富人物，描述她们的成长历程、商业抱负和拼搏精神，兼及披露她们的爱情、婚姻生活，全面展现她们的性情与命运跌宕的精彩故事。

在男性主宰的世界中，她们彰显了自己对金钱和权力的控制力，对社会和历史广泛的影响力，以及女性独有的柔性魅力。而某些时候，美貌和性别成为她们在商业运作和权力纷争中游刃有余的利器。这些闯入了财富和权力“香巴拉”的女性，给充满竞争、刚硬铁血的商界和政坛注入了更多感性与温情。

显而易见，由于身体、家庭等主客观条件制约，她们即使富甲一方或者贵为一国之主，也难以轻易放弃妻子、母亲的身份，还必须分出尽可能多的精力和时间，营造和谐的家庭氛围。性别使她们处于弱势，她们必须比男人付出更多的努力，在残酷的商业和政治角逐中经历更多的艰辛。因而,她们走得更艰难,但同时也赢得了更多的尊敬。

在这些“粉色富豪”的身上,有某种共同的东西感动着我们的心灵:那是人格与奋斗的独立,是物质与精神的富有,是形象与心灵的美丽。每一方面,都值得我们赞叹。她们给人以引导,给人以方向。她们的成长历程是一种沧桑的美丽,带给我们一种神奇的力量,也给我们的心灵带来绵长的震撼与感动。

从她们身上,我们看到了女性最可贵的坚韧、仁爱的优秀品格。尽管遭遇命运的坎坷、世态的炎凉,她们的个性却在奋斗中放出熠熠耀眼的光芒。

在她们身上,凝聚了全世界女孩子“与白马王子并驾齐驱”的另一个梦想——像她们一样,成为女富豪或者女领袖,最大化地张扬一个女子的人生价值。

目 录

CONTENTS

第一部分
在挫折中涅槃重生的铿锵玫瑰

作为一位单亲妈妈,能够帮自己脱贫,并创造出一个庞大的“娱乐事业王国”,非常鼓舞人心。罗琳依靠出售想象力,依靠向大众描述想象的世界而摆脱了现实世界的困境。

她原本只是个异常羞涩的小女孩,掩藏在成功男人背后的家庭妇女,但命运之神却把她推向了波澜壮阔的新闻舞台。事实证明,女性拥有无限的潜力,只要给她机会。

第二部分
把小事情做成大品牌的巾帼英雄

或许你不知道她的名字——露丝·汉德勒，但是没有哪个女孩会不知道她创造的芭比娃娃。芭比娃娃的形象深入人心，已成为美国文化的标志之一。

没有谁能比这位“家政女王”更加迅速，更加完美地修缮自己受损的商界形象，玛莎·斯图尔特十分清楚——胜败平常事，岁月不等人。许多职业女性也如此。她们或许可以从玛莎·斯图尔特那里看到另一些值得珍视的东西：吃、家居、追求细节完美……这些，就是生活着的意义。

第三部分

长袖善舞赢天下的智慧女人

这个金发、美貌、经常身着阿玛尼套装的女人极具争议,有人说她迷人,有人说她可怕,有人推崇她是"变革急先锋",还有人说她是"杀人女魔头"。究竟她是能人还是庸才?我们实在难以定论。但是,她这一路走来,无愧于成为世界女性的典范。

艾琳·罗森菲尔德这个名字,可能并不是所有人都知道,但说到卡夫食品和它旗下的奥利奥、麦斯威尔等品牌时,估计全球绝大多数人耳熟能详。这些休闲品品牌几乎在每一个超市都能找到,尽管包装不一,但却有一个共同的标志:卡夫。艾琳·罗森菲尔德便是卡夫的掌门人。

第四部分
馨香四溢的美丽传播者

“20世纪的法国,有三个永垂不朽的名字:戴高乐、香奈儿和毕加索。”

她以5000美元起家,创造了目前年销售额超过25亿美元,拥有75万名美容顾问,业务发展到36个国家的跨国集团。她的管理如同她的名字——玫琳凯,一个美丽的名字,创造的也正是跟美丽有关的事业。

第一部分

在挫折中涅槃重生的

铿锵玫瑰

奥普拉·温弗瑞

贫民窟的亿万富翁

奥普拉·温弗瑞，从私生女、抽烟、喝酒、吸毒、偷钱、厮混、出走，到成为当今世界最具影响力的妇女之一，她的命运极富传奇和戏剧性。

☆人物概述

1984年，奥普拉在芝加哥主持脱口秀节目“芝加哥早晨”，仅仅三个月后，就打造出收视率第一的金牌栏目。

1985年，栏目更名为“奥普拉脱口秀”，以她一流的口才和睿智的头脑，在镜头前真性情的流露，让节目极具感染力，平均每周吸引5000万名观众，并连续20余年排在同类节目的首位。

她控股哈普娱乐集团的股份，掌握了数十亿美元的个人财富。

她在1996年推出的一个电视读书会节目，在美国掀起了一股读书热潮。

她利用业余时间在大导演斯皮尔伯格的电影《紫色》中客串了一个角色，还荣获了当年奥斯卡最佳女配角的提名。她的粉丝认为如果她去竞选美国总统，获胜的把握也很大。美国伊利诺伊大学更开设了一门课程专门研究奥普拉。

《时代》杂志将她列为20世纪最具影响力的100位人物之一。

她被誉为“脱口秀天后”、“美国人的心灵女王”。

2008年6月11日，《福布斯》杂志发布全球“最有权势名人榜”，她蝉联该榜榜首，并5次获此殊荣。

2010年10月6日，《福布斯》杂志公布“最有权势女性”年度榜单，奥普拉·温弗瑞位列第二。

她乐善好施，通过自己设立的慈善机构向贫困妇女、儿童和困难家庭伸出援助之手……

在播出了25年之后，脱口秀女王奥普拉·温弗瑞的节目“奥普拉脱口秀”于2011年5月25日停播。

她从未放弃梦想，她的成功故事，对美国梦做了最佳的注释。

贫民窟里的艰辛童年

1954年1月26日，奥普拉·温弗瑞出生在美国南方密西西比州郊外一个小镇的一间没水没电的平房里。与其他孩子不同的是，上天没有给她一个温暖的家庭——她的父母没有结婚，并在她很小的时候就已分手，她是18岁的母亲弗尼塔·李所生的私生女。母亲当时在男女关系上比较随意，声称是一个叫弗农·温弗瑞的年轻人让她怀了孕。有时，她又改口说，自己并不确定到底是谁应该负这个责任。

“奥普拉”这个名字来得非常偶然。没有人知道“奥帕”这个名字是如何拼写的，虽然清楚地写在出生证明上，但没有人会念。于是，人们将“p”这个字母放在了字母“r”前面，于是拼写就变成了“Oprah”。

奥普拉自小随外祖母住在密西西比州德尔塔地区的一个小农场里。农场生活十分艰苦。没有室内上下水设施，她们穿的每一件衣服都是在家里做的，鞋也是只在星期日礼拜时才穿，其他时间小孩子都是光着脚。孩提时代的奥普拉一直光着脚丫子，到进校读书时，她才穿上第一条裙子。

奥普拉每天的工作之一便是倒粪桶，她还帮着照料牛、猪和鸡。她没有自己的卧室或床，而是和外祖母一起睡在一条羽毛褥子上，晚上还经常被吓醒，因为外祖父经常进来打骂她和外祖母。在奥普拉4岁时的一天夜里，失控的外祖父闯进卧室，她外祖母只好冲出房间，大声向邻居呼救。邻居虽然又老又瞎，奥普拉还是把他当成自己的救星。白天，外祖父也十分可怕，经常用拐杖打她或向她扔东西。

与农场的生活一样，外祖母对她也十分严厉和无情，做错一点事情都要惩罚，甚至连她无法控制的事情也是如此。皮鞭成了奥普拉受教育的生活的一部分，应了那句老话：棍棒底下出孝子。她的外祖母在宗教上十分虔诚，大部分业余时间花在了农场附近的信仰联合密西西比州浸礼会教堂上，而且从奥普拉小时候就开始带她一起去。除了宗教，外祖母最喜欢的事情就是阅读，所以从小奥普拉就学会了读书，并记住了《圣经》中的许多章节，这使她在蹒跚学步时就声名远播。家里管教极严，她只有在当地的浸礼会教堂才有机会表达自己的心声。由于在很小的时候便能够背诵《圣经》段落，人们便让她在复活节朗诵《圣经》中与复活节有关的章节。

奥普拉现在还记得当时朗诵的一些段落，其中有句是“耶稣在复活节那天复活了，所有天使都在欢呼：哈利路亚！哈利路亚！”教堂里的女士们一边用扇子扇着风，一边倾听着这个蹒跚学步的孩子的朗诵，都说她是一个有天赋的孩子。奥普拉曾说，自己的第一次复活节演讲可能是在科西阿斯科浸礼会教堂做的，当时她大约3岁半。仅仅几年后，她就可以背诵从“创世纪”到“审判”的圣雅各的全部7次布道。

在回忆自己的早年经历时，奥普拉说曾在纳什维尔的所有教堂背诵过《圣经》。在接受晚间访谈节目主持人拉里·金的采访时，她说，自己从13岁时起就成为各类场合的主要演讲人。虽然自她成名后，一些崇拜她的人认为她在广播从业的多年经历为她以后的从影打了基础，但实际上，她的整个生命都在为之做着准备，最终，多种因素共同促进了她事业上的成功。

奥普拉非常羡慕那些过着舒适生活的孩子，尤其是那些白人的孩子。他们家里有电视和洗衣机，身上穿着从商店里买来的衣服，可以去看电影，不会因为犯一些有意或无意的小错而受到惩罚。虽然在她那个狭小的世界里，挨皮鞭是家常便饭，但她也看到白人的孩子很少挨打。她幽默地说，如果白人的孩子受到惩罚，他们得到的是“打屁股”，而黑人的孩子得到的则是“皮鞭”。

闭塞的乡村环境使奥普拉只好与动物为伴，到书中寻求安慰。当她祖母送她进幼儿园时，她随即写张便条给老师，以无可辩驳的事实说明自己属于高一年级班，惊讶不已的老师马上让她升级。读完一年级，奥普拉直接跳到三年级，这便是这位孤独的女孩的潜力的早年显露。此后，她经常在社团俱乐部和教堂茶会上做演讲，朗诵诗歌，因而成为有名的“小演说家”。这也许是她童年生活中唯一的亮点。

屡遭虐待，成长为“问题少女”

1963年夏，奥普拉的母亲想结婚，希望过上一种真实的家庭生活，要求奥普拉返回威斯康星州。奥普拉不得已还是回到了以前那个拥挤的、没人管的、混乱的生活环境中。母亲当时居住的房间已经住满，不能再容人居住了，奥普拉只好在门廊过夜。

母亲是个穷女人，是既申请福利救济又做清扫房子工作的女仆。当奥普拉住在密西西比州的农场时，母亲生下了第二个私生子；奥普拉9岁时，母亲又生下了第三个孩子。在这座房子里，奥普拉既感觉不到温情，也感觉不到约束，她只觉得自己是一个负担、一个弃儿。

奥普拉孤单无助，没有一个朋友。

与其他许多非洲裔美国人一样，从小时候起，奥普拉就对颜色十分敏感，不仅是肤色，而且包括不同的颜色在人们生活中所代表的不同含义。在她小时候，她嫉妒白人孩子舒适和奢侈的生活，而且对她来说，白人孩子要比她更漂亮。她不仅嫉妒肤色，而且嫉妒鼻子、嘴唇和头发。当然，奥普拉并不期望得到多么特别的东西，但不要是黑色。变成白人就意味着不再受颜色的困扰，这时才会有自信。

出身低微，缺乏教养，屡遭欺辱，周遭没有正义，使得这女孩当时已变得无法无天，已成为一个品行不端的"问题少女"。奥普拉滑入了人生肮脏的"泥潭"。

13岁的奥普拉自暴自弃，专做坏事，她抽烟、喝酒、吸毒，偷她母亲的钱，和比她大的男孩子厮混。有一次她竟从家中逃跑，看见一位著名歌手从豪华轿车中下来，骗他相信她是个弃儿，需要100美元回到俄亥俄。她得到了这笔钱，在密尔沃基大酒店中住了3天。当这些钱花光后，她又找到她的校长。校长把她带到火冒三丈的母亲那儿，母亲送她进了少儿收容中心。幸好那儿床位已满，奥普拉又被送到父亲那儿。

父亲的严格要求令她转变命运

如果奥普拉混乱的生活继续下去，那我们将失去一个令人膜拜的偶像巨星，但是命运的转折点正隐藏在她人生的十字路口上，她内心对美好生活的渴望让她抓住了改变的机遇。当奥普拉的母亲再也无法忍受她的叛逆、暴躁和古怪的脾气时，她的母亲无计可施，就将奥普拉送到她父亲弗农·温弗瑞那里。弗农·温弗瑞的出现，彻底改变了奥普拉的命运。

父亲坚持认为奥普拉实际上比她自己和别人印象中的她要强，将来甚至会成为杰出人士。他为奥普拉定下了最高标准，激励她追求卓越。他非常严厉，坚持让奥普拉每天多学习5个新词。继母也要求奥普拉每周背20个单词，否则不让她吃饭。

“问题女孩”奥普拉很快就成为全优生。父亲每两周带她去图书馆选书，她不仅要每周读完一本书，还要写读书报告。奥普拉沉醉在书中的幻想世界里。她在1991年告诉《好管家》杂志：“书籍向我展示了生活中的希望，让我了解到世上像我这样的人还有许多，我不仅要发奋，更要实现……对我而言这是一扇通往未来的大门。”她经常躲在壁橱里用手电筒看书，以免被人讥笑“想成为大人物”。

父亲的管教、父亲的爱把奥普拉从深渊中救起，将她引向新的方向。父亲告诉她：“有些人让事情发生，有些人看着事情发生，有些人连发生了什么事情都不知道。”他鼓励奥普拉要做那个让事情发生的人。父亲对奥普拉的期望唤醒了她的灵魂，不久，奥普拉暗暗下决心要成为最好、最聪明的人。

奥普拉继续开始上学，她从破旧的、年久失修的居住地，来到绿树、草坪和鲜花簇拥着的校园。她，一个身无分文的黑人小孩，从此走入了另外一个世界，和富裕的白人孩子一起生活。这些孩子放学后还邀请她到家里做客。她渴望这些女孩所拥有的一切：正常的家庭、体面的衣服、零花钱和宠物。在孩子们家中，她们还会把奥普拉介绍给她们的黑人女仆，好像所有的黑人都应该彼此认识。

奥普拉进入尼科莱高中学习那一年，也是历史上著名的一年。1968年，马丁·路德·金和罗伯特·肯尼迪双双遇刺。从奥普拉出生到20世纪

60年代，动乱时常发生。密西西比州直到1964年才在公立学校实现种族融合。密西西比州的“特产”是暴力，也是震撼全国的“1955年之夏”的极端分子。亚拉巴马州蒙哥马利一个叫罗莎·帕克斯的黑人妇女，她坐在一辆公车的后面，拒绝按照惯例把其座位让给一个白人。帕克斯的这种做法使她身陷囹圄，导致蒙哥马利公车运输业联合罢工。后来在电影《宠儿》首映式时，奥普拉邀请帕克斯作为嘉宾，对她表示了敬意。

在帕克斯之前，在奥普拉的家乡密西西比州，有个叫艾达·韦尔斯的人，与后来的帕克斯一样，拒绝被隔离。她最伟大的成就是在1909年，那年她帮助建立了美国最古老，可能也是最著名的全国性民权组织，这一组织后来演变成为全国有色人种促进会(NAACP)。

正是因为这些重大变化，动荡持续了数年，静坐、骚乱、民权游行，甚至谋杀，致使联邦部队多次出动平息混乱局面。此时正是奥普拉的少年和青年时期。比起周围的政治局势，她比其他青少年更加关心自己的家庭世界。

奥普拉对颜色的敏感不再局限于白人。尤其是在她上学的黑人学院，她意识到黑色程度不同的人群中有一种微妙的模式。她说过，自己虽然不想在一个全部是黑人的学校上学，但还是挑了一个又一个黑人学校。稍白一些的黑人总是在各种场合得到人们的偏爱，在奴隶制年代，稍白一些的黑人更容易做仆人，其生活要比那些因肤色较黑而到田地里干活的人舒适一些。作为一个肤色较黑、离开密西西比州后受到过歧视的非洲裔美国人，奥普拉在许多场合直言不讳地指出，甚至在黑人中也存在着某种种族上的势利心态。

奥普拉有着与生俱来的说话技巧和不俗的记忆力。奥普拉发现自己的言谈很容易带动别人的情绪，于是，她开始有意发展自己的独特能力。1969年，她被选送去加利福尼亚教会组织演讲，看见好莱坞影星游行队伍时，她发誓：“总有一天，我要让自己成为比他们更耀眼的明星！”

奥普拉的人生从此发生了彻底的转变。她主持高中学生委员会；参加戏剧俱乐部；到一家电台做周末新闻播演，每周能赚100美元。她在日记中写道："我要努力成为最优秀者！"——这至今仍是激励她不断奋斗的座右铭。

由于口才和辩才极其出众，16岁的奥普拉赢得艾尔克斯俱乐部演讲竞赛，使她得到了到田纳西州立大学深造的奖学金。不久，她被选为那纳维尔青年协会代表和东部高中美国杰出少年的代表，赴白宫受尼克松总统接见。

1972年，昔日的街头野孩子、17岁的奥普拉考上了大学，进入田纳西州立大学，主修演讲和戏剧。

在大学一年级，奥普拉的人生又出现了重大的转折点。奥普拉参加了田纳西州"防火小姐"的选美比赛，虽然她并不漂亮，但是凭着自己出色的口才和个性魅力，使她最终摘取了"纳什维尔黑人小姐"和"田纳西小姐"的桂冠。

后来，她被选中参加在芝加哥举行的一个黑人大学生竞赛，年轻选手们住在芝加哥南区一家年久失修的汽车游客旅馆，旅馆所在地是一个犯罪率较高的地方，大家对此感到非常不满。然而，奥普拉以一种未来明星所采取的典型方式，没有理睬这种不利的环境，她在竞赛中获得了第二名。她朗读了诺扎克·尚奇的一段戏剧《献给企图自杀的有色女孩》。这篇作品现已被收入全美许多学校的英语课教材。

凭借着良好的演讲才能和谈话技巧，奥普拉在参观纳什维尔市(美国田纳西州首府)广播电台时得到了尝试播报新闻的机会。随后，当19岁的奥普拉还是一位大二学生时，哥伦比亚广播公司WTVF电台为她提供了一个职位，她的第一次突破性机会来到了，她成为了纳什维尔市主持晚新闻的首位黑人女播音员。这使她在大学三年级时便已得到15000美元的年薪。

突破坎坷的职场路，羽翼渐丰

1976年大学毕业前夕，年仅22岁的奥普拉从纳什维尔那座小城来到巴尔的摩这座美国第十大城市，她得到美国广播公司驻巴尔的摩电视台WJZ-TV节目主持人的新工作。

她开始参与到“晚间六点钟新闻”节目的主持当中。当第一次主持电视新闻时，奥普拉吓死了，她对自己说：“我要当作自己就是芭芭拉·沃特斯。”沃特斯一直是她的职业偶像。她有些局促不安，天真的性格使她显得非常尴尬。

有一次，她被安排采访小镇的黑人隔离区，她走上前向店主自我介绍，想握握手，店主说：“我们这儿不与黑人握手。”奥普拉反唇相讥：“我打赌黑人是出色的！”

据说，奥普拉刚开始做电视主持人时，她的上司还派她去纽约接受整容手术。电视台有意按自己的计划重塑奥普拉的形象，上司心目中的黑人女子应该如波多黎各女人一样充满诱惑。但整容师端详半天后望而却步，整容一事因此不了了之。

电视台继尔又雇人给她弄新发型，穿新时装，并解释说：“你头发太硬，鼻子太宽，颧骨太大。”当看见自己的头发式样——头发经化学处理的结果，她简直气疯了。这次经历成为一种自我发现，奥普拉明白了，自己不可能成为另一个黛安娜·罗斯，最好还是保持成为奥普拉。

作为巴尔的摩电视台最年轻的节目主持人，当报道情绪波动剧烈的新闻故事时，她经常不得不忍住眼泪，电视台经理让她坚强些。但极度敏感是奥普拉的长处，也是她的弱点，她的脆弱使她无法成为无动于衷、冷眼旁观的新闻报道者，她从来没法改变自己的风格。由于感情过于充沛，她不适合当新闻主持人。她经常会莫名地兴奋起来，对各种事情中涉及人性的一面产生强烈的感情。

所以,当奥普拉的事业才开始起步时,这段工作不尽如人意。她无法在报道中保持客观性,总是在采访中大笑或者听到悲伤处掉眼泪。她的报道风格与外表让电视台经理很是不满。再加上许多人批评她"头发蓬松、双眼太分、鼻子太扁、报道情绪化",奥普拉被降职了,被重新安置到与芭芭拉·沃特斯相类似的"晚间一小时"新闻演播。这是奥普拉职业生涯中最悲惨伤心的时刻。她不适合新闻演播,9个月后,她被解雇。对头发进行特殊处理和电烫使她的大部分头发脱落,结果她既失掉了工作,又失去了头发。

1977年,她被分配做美国广播公司"早晨好,美国"的新闻插播员。这种脱口秀节目正好发挥了奥普拉的特长。该节目收视率一路飙升,如鱼得水的她很快就成为当地小有名气的女主持人。她的荧屏魅力超过播音技巧,电视台决定让她与理查德·西尔共同主持晨谈节目"巴尔的摩之声"。奥普拉驾轻就熟,在以后的7年里,奥普拉和西尔触及了种种议题,从离婚后孩子抚养,到连体双胞胎现象,再到三K党问题,节目获得空前成功。

虽然这个节目大受欢迎,但奥普拉并不喜欢与另外一个人共同主持。然而,由于她喜欢主持访谈节目,认为这类节目就像呼吸一样自然,所以便一连干了几年。

但奥普拉不能彻底消除早年性凌辱的内在负罪感,她总是为别人残暴的行径责怪自己,这使她难以处理好恋爱关系使恋爱关系进入实质性阶段。她暴饮暴食,身体开始发胖。1981年9月8日,当她当时的情人拒绝和她结婚时,她失望到了极点,几乎想自杀。

奥普拉再次将惨痛经历变成积极的推动力量,她经受了挫折的深渊,她要达到本来无法实现的伟大成就的高峰。

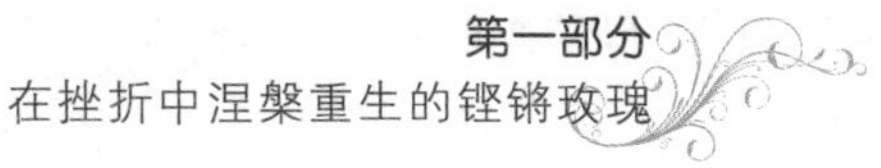

以坐火箭的速度成为最红的脱口秀主持人

1983年,奥普拉结识了生命中的伯乐——ABC(美国广播公司)芝加哥分部WLS电视台的老板丹尼斯·斯旺森。由于不满足在当地所取得的成就以及个人生活的不停奔波与不快,加上对已经干了7年的工作有些厌倦,奥普拉开始到其他地方寻找工作。在一位个人简历专家的帮助下,加上自己和一位制片人朋友的努力,奥普拉在30岁时来到了芝加哥。

当时,丹尼斯·斯旺森正在物色一名出色的脱口秀主持人,以提高以前访谈节目的收视率,他瞄上了奥普拉。尽管电视台的多数人对聘用一名黑人来主持节目深表怀疑,但丹尼斯·斯旺森还是力排众议,并以23万美元的年薪将奥普拉招至麾下,请奥普拉主持收视率最低的脱口秀节目“芝加哥早晨”。当奥普拉第一次当主持人时,她主持的节目收视率一度创下了更低的纪录。她对自己所面对的竞争有些担心,并把这种感觉告诉了丹尼斯·斯旺森。斯旺森的回答是,保持自己的风格,因为你没有办法变成菲尔·多纳休。以其极致的坦诚方式,奥普拉问斯旺森,她的黑人身份是否会有碍于节目的发展?斯旺森说:“你是绿皮肤我也不介意,我所需要的是节目成功。”

在当时,脱口秀是美国历史悠久的电视节目,但历来都是男人的世界,再切实点说,是知识分子讨论时事、畅所欲言的“报道式谈话”。如何把传统的脱口秀节目搞得更有声有色,奥普拉想到了自己在巴尔的摩的成功,她决心发挥自己的长项,做回自我,热诚讲出心底话,拉近与观众的距离。

电视台对她唯一的要求是:你只要做回你自己。于是,她大胆在节目里表现真我,喜欢流泪就流泪,公开自己童年被性侵犯的经历,以“诚恳、告解”式率真风格迅速得到观众欢心。一个月后,此节目就成为年内首破高收视纪录的节目。她以火箭喷发的速度,使芝加哥电视台收视率急遽上升,以无可抵挡的优势压倒了纽约领地里最突出的节目。

“芝加哥早晨”的收视率一跃而起,超过了从前,与当时的脱口秀名嘴菲尔·当纳的节目并驾齐驱。3个月后,该节目就一举超越菲尔·当纳的节目,变成收视率第一的金牌栏目。后者在此行业曾统治了整整10年。1985年9月,“芝加哥早晨”延长到一个小时,并且以奥普拉的名字命名为“奥普拉脱口秀”,并在全国120个城市同步播出。

一个美国的超级巨星就这样诞生了,奥普拉逐渐成为美国最当红的脱口秀主持人,被人们誉为“脱口秀女王”。她的节目遂成为她的个人品牌,成了最当红的脱口秀栏目,而且一直红到了2011年。

奥普拉签了4年合同,年薪23万美元。30岁不到时,她就取得了巨大成功。

奥普拉的知性形象越来越鲜明,也越来越成功。她迅速成为全美主妇们最好的朋友。她有能力倾听与她观点相反的观众的意见,“我不力图去改变人们,我竭力揭示出他们真正的面目”。奥普拉成为“女人的一切”,她珍惜演播时的每一分钟,她的观众也如此。

不久,奥普拉又进军电影界。1985年,著名电影导演昆西·琼斯在芝加哥酒店客房看电视时发现了奥普拉,他正在筹拍电影《紫色》,寻找主角索菲亚的人选。奥普拉毫无表演经验,但昆西·琼斯却选她担任这一角色。这部片子就像是奥普拉的个人传记,也是一个黑人女孩苦苦奋斗挣扎的故事。片子于1985年12月上映,观众的反应非常踊跃,电影评论家吹捧她的表演“超凡绝伦”。

奥普拉的表演真情感人,她的表演使她同时获得奥斯卡和金球奖提名,也使她在1986年6月获得全国妇女协会颁发的“妇女成就奖”,她的节目的收视率更是直线上升。1986年9月,“奥普拉脱口秀”节目被“皇帝世界”列入138个城市的辛迪加联网系统,1987～1988年度就此创利1.25

亿美元。这一胜利立即使奥普拉跃为演播界最高薪主持人。她与“皇帝世界”在1986年12月签订5年合同。1993年,这档节目扩及全美198个市场,包括日本、挪威、沙特阿拉伯、新西兰和荷兰在内的64个国外电视台也在转播。随即,节目每周在美国的观众量达到2100万人,并且在海外105个国家播出,成为电视史上收视率最高的脱口秀节目。

 精心打造“奥普拉脱口秀”,缔造传媒帝国

在奥普拉的事业蒸蒸日上时，她又遇到了另一位改变她命运的人——杰夫·杰克伯斯。当时的杰夫不过是芝加哥一位不出名的律师。杰夫提醒奥普拉,仅靠替人打工并不能使她真正成功,她应该组建自己的公司。

于是,1986年,他们两人合伙创建了哈普娱乐公司。1996年,成立哈普娱乐集团公司,由杰夫·杰克伯斯任总裁,拥有10%的股份;奥普拉出任董事长,拥有90%的股份。之后,公司以2000万美元买下芝加哥10万平方英尺的演播室,奥普拉由此成为经商者和董事长。1988年,哈普公司宣布全权拥有和制作奥普拉·温弗瑞的节目。她是继玛丽·毕克福德和露西丽·鲍尔之后,世界上第三个拥有和制作自己的节目的妇女,也是第一个拥有自己的娱乐制片公司的美国黑人妇女。

奥普拉总是忙于儿童虐待问题的慈善事务和为哈普制作新纪录片。奥普拉身体发胖了，她的每个观众看得最清楚。她决心克服肥胖症。1993年8月，奥普拉在圣地亚哥以2小时16分钟时间完成了13英里马拉松长跑——比第一名落后1小时。她花费5个月进行剧烈训练,在这过程中体重减轻了50磅。有人问她为什么现在开始长跑,奥普拉说:“我很久以前已暗下决心,在40岁时要保持健康。”1994年1月29日,她40岁时,再

次达到了标准的9号尺寸。这位执著的妇女再次赢得了伟大的胜利。

哈普集团定期制作“奥普拉脱口秀”，并出售给各家电视台。至2001年，仅“奥普拉脱口秀”一项的营业收入就已高达3亿美元。还有一个颇为引人注目的是“奥普拉读书会”，这是自1996年推出的电视读书节目，一直深受欢迎，以至奥普拉选书的那一周，被称为是书市的“奥普拉周”。而经她推选过的书，本本都畅销。奥普拉使阅读变成心灵口服剂，是时尚、自强、关怀的表现。她像拉拉队队长般喊着这样的口号：“我希望美国人重新爱上阅读。”美国出版界肯定了她对推广阅读兴趣的贡献，并颁以奖杯。“她的读书会岂止是一场革命，还是一个提升！”著名黑人女作家、诺贝尔文学奖得主托尼·莫里森公开说。

与一般谈话节目不同的是，“奥普拉脱口秀”的邀请嘉宾并非某一领域的专家或学者，而是普通大众，谈论的主题也集中在个人生活方面。为启发嘉宾“实话实说”，奥普拉常不惜将自己的一些秘密也告诉对方。当嘉宾的故事令人感动时，她会和嘉宾一起抱头痛哭。相比其他节目，“奥普拉脱口秀”更直接、坦诚，也更具个性化，因此深受那些白天在家无所事事、知识层次不是很高的中年人，尤其是中年女性的欢迎，而这些人正是收看电视节目的主流人群。

2000年，哈普集团开始发行一本名为《奥普拉》的杂志，每期都以奥普拉为封面，200多页内容占八成是广告，却仍然吸引数百万读者，营业额以千万美元计。事无巨细，奥普拉凡事力求亲力亲为。据杂志主编讲，“在杂志付印前，奥普拉会仔细阅读每一个字，彻底检查每一张图片。没有节目的时候，她就一直待在办公室的电脑前，她可以从周一下午3点一直干到周四晚上8点，再搭上周五一整天，就连一个标点符号也不放过”。仅一年时间，杂志的月发行量就达到250万册，而以往最成功的杂志也要5年才能达到这一成绩。现在，该杂志已成为世界发行量最大的杂志之一。

她的赚钱王国非常庞杂，从电视，到电影，到书籍，到杂志，再进军有线频道。银行界估计她的个人账面财产达20亿美元。2004年,《财富》杂志选她为“商界最有权力女人”第3名。《时代》杂志曾把她列入“20世纪最具影响力100人”之一。

哈普集团业已成为一个实力不俗的媒体帝国。

用真诚与观众沟通的“心灵女王”

奥普拉成为与露西丽·鲍尔和麦当娜并驾齐驱的历史上最成功的女商人。

在美国传媒界,奥普拉创造了一个神话,成为世上第一流谈话节目主持人。她的故事,是为MBA课程度身订造的个人成功教材。

奥普拉说:“我生长在一个没有水电的屋子里,人们不会想到我的一生除了在工厂或密西西比的棉花田里干活之外,还会有什么成就。我深信我可用我奋斗的一生向世人佐证事在人为的道理。”

奥普拉善于把个人的弱势转化成智能资本。一个出身寒微的黑人女子,凭着无比的自信和意志征服了自己,同时也征服了民心,因此她被封为一代“心灵女王”。

当时的奥普拉不算美女,也早过了妙龄。但她的亲和力却让大家感动,她打动观众的力量在于她对观众推心置腹,愿意与之分享一切隐秘的真诚。在镜头面前,她公开承认自己14岁时未婚生子,婴儿出生两星期夭折;在电视节目中,她毫不讳言地承认少时曾有吸食可卡因的经历,甚至在杂志访问中她还透露9岁被强奸的惨痛经历。这些被奥普拉形容为“重大耻辱”的疮疤,奥普拉选择在3300万观众面前哭诉出。事实上,没有人会嘲笑她,因为每个人都或多或少有过自己的创痛。乔治·麦尔在他的《奥普拉·温弗瑞:真实的故事》里写道:“观众们信任奥普拉,是由于她就是他们中的一员，而且经常会提一些惊人的问题或暴露自己的隐私……反应是惊人的。”

24岁时，奥普拉曾把自己早年遭受性虐待的事告诉了母亲和其他家庭成员，但没人相信。她母亲拒绝谈论此事，这大大伤害了奥普拉，因此她再也没有向母亲提及此事。然而，她受虐待的事情在她的电视节目中成了公开忏悔。一个叫特鲁迪·蔡斯的妇女在节目中谈了自己年幼时受到的性虐待。奥普拉感到一种强烈的认同感，在这种与嘉宾共同承担痛苦的时刻，已经不再需要像这许多年来那样对这段往事做什么掩饰。但她也说过，自己花了很长时间才明白由自己所遭受的侵害而产生的那种愤怒与反叛。她需要，也想要得到他人的关爱，这是她在家中，从母亲和兄弟姐妹那里所得不到的，而这种感情使她在面对性侵害实施者时显得异常脆弱。这种心理甚至在多年以后仍在重复，其他有过类似遭遇的妇女也在忍受着同样的心理压力。

奥普拉有时与寻常百姓谈论真实生活经验，把节目办得像一次集体心理诊疗。例如，她经常邀请心理专家作为她的联合主持人，让嘉宾在节目中公开他们个人生活中最隐秘的部分。通过循循善诱，奥普拉和嘉宾们共同袒露心迹，共同成长，摆脱了过去的阴影。这是全国性的发泄，人们都开始关心、重视这些特殊的问题和现象。

在四年级时，奥普拉曾想当教师，现在她可为此感到欣慰，因为她每天都在给全国的热心观众“上课”。奥普拉对付怪人和异样生活方式者的能力使她认识到，“我们都应对自己负责，不管胜利”。她是所有人的心理老师。

“在我眼中，她跟我们一样都是普通人。当她与我交流时，我感到她就像我的一个好朋友。”36岁的销售代表谢丽尔·皮尔斯说。自从她做了子宫切除手术后，整个人都陷入了悲哀绝望中，生活仿佛变成了灰色，是奥普拉从前的节目和演讲才使她从沮丧中彻底恢复过来。

魅力非凡，粉丝遍布全球

2001年6月，美国北卡罗来纳州首府罗利市著名的BTI表演艺术中心的大礼堂内，数千名热心的观众正在耐心地等待着本次节目的主角，“访谈皇后”奥普拉的出场。这是奥普拉主题为“度过最完美的生命之旅”巡回演讲的第一站，尽管每张门票要花185美元，但2300多张门票在短短两小时内便告售罄。为了亲耳听一回奥普拉激动人心的演讲，一些“奥普拉迷”们甚至宁愿在eBay拍卖网站上花2025美元从网络票贩子手上购买入场券。此次演讲所得的收入将全部捐献给当地的慈善机构。

奥普拉极其坦诚地向台下的观众讲述了自己的个人奋斗史，当她面对贫穷、肥胖、事业挫折等问题时，是如何调整自己的心态，使自己变得更加坚强的。在谈到事业问题时，奥普拉说：“生活往往有一种巨大的惯性，让人们在现有工作面前安分守己，不思进取。此时我们应该问一问自己的内心，这是否是你想要的工作？什么工作才是最适合你的呢？然后听从自己内心深处的呼唤。”奥普拉还举了自己的例子，自从在芝加哥当上电视节目访谈主持人后，她才“真正找到了工作的激情和感觉”。奥普拉不时劝告她的崇拜者们，当繁重的工作不能为自己带来丰厚的报酬时，就应该将它断然放弃，而去追寻自己梦想的工作。每个人都应听从“内心的呼唤”，只有一个相信自己的人才能成为生活和事业上的强者。

奥普拉激动地说：“如果你相信自己有朝一日可以当上总统，也许有一天你就能如愿。”一位35岁的女地产经纪人拉塞尔事后对记者说道：“一看到奥普拉出场，我就感到一股电流从头到脚穿越全身。尽管我从电视上看到过她无数次，但却从未想到自己会如此近距离地看到她。”

2001年9月11日，美国世贸大楼遭遇了一场历史罕见的恐怖袭击，一时成为世界媒体最关注的事件，奥普拉和其他名人便开始通过她的节目安抚受伤的心灵。当美国人仍为“纽约末日”的景象感到惊吓不已时，奥普拉的节目已成为一颗适时的镇静剂。她还在某一场合与美国遭遇袭击后频频露面的第一夫人劳拉·布什共同出现在众人面前。在对不爱说话、对政治不感兴趣的布什夫人的一周活动进行报道时，一位记者特别提到奥普拉·温弗瑞与布什夫人手挽手，共同哀悼在袭击中遇难的数千条生命。她完全超越了个人的利害得失，她以博大的爱心担负起安抚国民心灵的重任。

奥普拉与美国著名报纸杂志出版商赫斯特集团共同主办的杂志《奋斗不止》，在全球更拥有2200多万名读者。奥普拉的形象已深入美国观众的内心，她在美国人心目中的地位也许只有美国现代宗教导师迪帕克·卓普拉和斯蒂芬·科维堪与匹敌。

有了钱的奥普拉特别热衷于慈善事业，将收入的10%投入慈善活动。

对教育领域，她尤其慷慨解囊。她建立了私人的慈善组织“奥普拉·温弗瑞基金会”，支持全世界的妇女、儿童教育事业；设立“奥普拉奖学金”，为那些有志于社区服务的美国和海外学生提供奖学金。她还倡议建立“世界零钱银行”，号召美国人捐出零钱，送那些贫困家庭的孩子上大学。之后，该银行共募集了8100万美元，她将这笔资金完全捐出了。2003年12月，奥普拉还出资1000万美元，在南非建立了一所寄宿制学校，德高望重的南非前总统曼德拉亲自陪同她为学校奠基。2007年，她再次斥资几千万美元，投入非洲的教育事业。

奥普拉·温弗瑞用非凡的气质来吸引各种肤色、各个国别和各种年龄的男女人士：80岁的老奶奶喜欢和崇拜她，而她们的孙女儿也成天迷恋于奥普拉疗理时间；她是那些30多岁的困扰于肥胖和婚姻问题的妇女们的开导老师；丈夫和父亲们也打开电视，向她寻求家庭和职场中人际关系处理的答案；遭受过强奸凌辱的少女视奥普拉为知音，来挺过这一关；20多岁的女性欣赏她那种沉着冷静地处置困境的风度；她也是寻求成功的黑人少年的榜样。

重登《福布斯》“全球名人榜”榜首

25年来，“奥普拉脱口秀”一直被认为是美国电视史上最成功、最长寿的脱口秀节目。凭借这档节目，奥普拉成为全世界最有影响力、最富有的女人之一。在各种富豪名人榜上，她往往名列前茅。

2008年6月11日，《福布斯》杂志发布2008年全球“最有权势名人榜”，奥普拉·温弗瑞蝉联该榜榜首。她已经五次获得这一殊荣，她的收入超过排名第二的伍兹一倍还多。2009年6月3日，奥普拉在两度蝉联《福布斯》杂志“全球100位最具影响力娱乐名人排行榜”霸主后，在2009年中屈居亚军。

2010年6月29日，在2009年惜败于安吉丽娜·茱莉之后，这位“传媒女皇”重夺《福布斯》杂志“全球100位最具影响力娱乐名人排行榜”冠军宝座，她的年收入达到了3.75亿美元。

和那些靠房地产、石油和互联网起家的富豪不同，奥普拉算是个另类富豪。她以脱口秀节目为核心和起点，建立起了一个彻头彻尾的传媒商业帝国。她有自己的演播室、杂志、脱口秀节目、网站、读书俱乐部、电影投资业务，她甚至还创办过自己的Oxygen电视频道。

哈普不是一家上市公司，我们能够获得的公开财务数据非常有限，不过，从已知的资料来看，其中大部分业务无疑大获成功。仅2009年1月，她的《奥普拉》杂志就卖出110万本。2007年，哈普公司拥有员工410名，年收入3.45亿美元。“这样一个公司，性价比相当高了。”一位制片公司总裁评价说，“这样的收入，才这么点人。你随便去现在一个什么公关公司、制作公司看看，太了不起了。”

现在,奥普拉有了更大的野心。2009年11月20日,奥普拉·温弗瑞语气哽咽地宣布:同名脱口秀节目将于2011年9月停播。她对着镜头哽咽道,“我爱这个节目,它是我生命的一部分。而25是一个完美的数字,是时候说再见了”。她将自立门户,与“探索频道”运营商美国探索传媒公司合作,创办“奥普拉·温弗瑞有线电视网”(OWN)。奥普拉将掌握该频道50%的股份。按照计划,未来这一频道将被建设成一个主流有线电视网,成为与音乐电视(MTV)、美国有线新闻网(CNN)和探索频道一样知名的品牌。该频道已于2011年1月正式开播,总部设在洛杉矶,约7000万美国家庭能收看这个频道。此外,从2011年9月开始,OWN将获得过去25年的全部“奥普拉脱口秀”录像的版权。

尽管“奥普拉脱口秀”连续16年排在全球同类节目之首,但其近年来收视率有所下滑也是一个不争的事实。有媒体称,奥普拉与美国各大电视台的合同将于2011年秋到期,在经济不景气的情况下,运营商不再愿意花大价钱购买奥普拉的节目,所以奥普拉决定就此“收山”。不过,她本人强调:“外界针对我为何现在宣布这一决定有很多传言,其中大部分是臆想,观众不必相信。”

从美国社会文化角度观察“奥普拉现象”,可以发现,奥普拉的节目中有一条关注个人问题、寻找办法激励自我和拯救自我的主线,这与新自由主义强调个人自由、倡导发挥个人能力的理念是一致的。奥普拉成了世人眼中的“美国符号”。她将脱口秀带到了一个新高度,不仅带给传媒领域光亮,还延伸到了其他很多公共事业上。

她的离去让人心生感慨。许多美国人留恋她在节目中焕发出的智慧与真诚,以及她从“草根”成长为“精英”所迸发出的力量。《时代》杂志曾经这样评价奥普拉,“脱口秀并不是她独创的,但是她用无与伦比的热情和亲切感,将脱口秀带到了一个新高度。她像一座灯塔,不仅带给传媒领域光亮,还延伸到了其他很多公共事业上”。

奥普拉,这位曾创造了全球收视率最高脱口秀节目,全球电视界最有影响力、身价高达27亿美元的黑人女性，还会创造新的奇迹，还会超越自己吗？

延伸阅读：

奥普拉的辉煌点滴

奥普拉的成功，正像她自己说的，并“不是意外”。看看她已经成为经典的访谈，就会明白，因为她的努力和天分，想不成功都难。

1.坦诚

1986年，奥普拉首次在节目中讲述自己童年遭受性侵犯的经历。她的这次告白也为以后的节目奠定了基调。从此奥普拉的坦诚成为她的标签，也为成千上万在节目中向她坦白的嘉宾铺平了道路。

2.执著

1988年，奥普拉成功减肥67磅(约30公斤)，她拉着“一车肥肉”走上了台。奥普拉在仅仅4个月里就减掉了30公斤的体重，实在让人叹为观止。虽然这只是她未来20年不减肥的开始，但奥普拉式的执著和坚定也给人留下深刻印象。

3.高端

别人做不到的，奥普拉可以。

1993年，奥普拉成功采访了正值鼎盛时期的流行音乐天王迈克尔·杰克逊。

虽然事先双方达成协议，不准问是否是同性恋之类的问题，但奥普拉还是连珠炮式地问了一串敏感问题。“你是处男吗？你为什么经常抓裆部？你会约会吗？跟谁约会？将来你会结婚生子吗？”最终这次节目创造了9000万人的收视盛况，成为美国历史上收视率第四高的节目。

4.噱头

“每个人都有一辆车”，这是那一年的美国流行语。

2004年，奥普拉发给台下每名观众一个小礼盒，然后说：“如果谁的盒子里有钥匙，那么他将成为今天最后一位得到庞蒂克汽车的人。”接下来，现场被欢呼、眼泪、拥抱、惊喜所充满，每个盒子里都有一把钥匙。奥普拉给现场276名观众，每人送了一辆2.84万美元的汽车，总价值780万美元。

美国媒体说，它标志着奥普拉“仙女教母”时期的开始。

5.八卦

2005年，汤姆·克鲁斯在奥普拉的节目中跳上沙发向新女友示爱，他的这一举动不但让《美国历史俚语辞典》多了一个新词“沙发跳”，还给后来的电影《惊声尖笑》提供了一个恶搞的桥段，最后，阿汤哥也让奥普拉的节目人气更加爆棚。

6.真实

作家詹姆斯·弗雷的新书《百万块碎片》因奥普拉的推介而畅销一时，但在2006年，弗雷对自己生活事实的描写是否属实受到众多质疑，奥普拉便邀请这位作家来到节目现场，进行咄咄逼问。

整个访谈显得很激烈，弗雷本人也受到众人谴责。

但奥普拉，又一次火了。

7.态度

2007年，奥普拉力挺奥巴马，而非希拉里。

奥普拉的支持在这场势均力敌的竞选中至关重要，因为她在民众中极具影响力，不过，她的选择也受到质疑。

8.人缘

2011年5月26日，奥普拉的告别秀。

到场的明星之多，比任何电影节的红地毯仪式都热闹。正像在奥普拉告别晚会惊喜巨献上，主持人汤姆·汉克斯所说的：“奥普拉·温弗瑞，你被满满的爱所包围着！”

J.K.罗琳：点石成金的魔法妈妈

从一个困窘的失业单亲妈妈到全球著名的畅销书作家，能够处理和帮自己脱贫，依靠出售想象力，依靠向大众描述想象的世界而摆脱了现实世界的困境，并创造出一个庞大的娱乐事业王国，她的故事非常鼓舞人心。那么，J.K.罗琳到底有怎样的魔法？

☆人物概述

J.K.罗琳创造了出版史上的神话。1997年，她的幻想小说《哈利·波特》第一部《哈利·波特与魔法石》在连遭12家出版社拒绝之后，终于得以在英国布卢姆斯伯利出版社出版，但印数仅有500册。

任何人，包括罗琳自己也不会想到，8年后她这套小说会销售至全球200多个国家和地区，且屡屡名列各地畅销书排行榜榜首，迄今累计已达4亿册之巨，并被翻译成近70种不同语言。

1998年，罗琳被《书商》杂志评选为年度最佳作家。

1999年，又被评为英国年度图书奖得主。

2008年10月，罗琳在《福布斯》杂志全球畅销书作者收入排行榜中名列第一，是排名第二的美国作家詹姆斯·帕特森收入的6倍多，而且比第2名到第10名高收入作者的总和还高。

2010年10月19日，罗琳在丹麦欧登塞市举行的仪式上获颁首届安徒生文学奖。

2010年10月20日，英国国家杂志公司发布由英国最具权威杂志编辑评选出的“全国100名最具影响力女性”排行榜，罗琳力压贝克汉姆妻子维多利亚和英国女王，摘得桂冠。在颁奖词中，评委会称，罗琳凭借其高超的写作技巧、坚持不懈追求成功的毅力以及热衷慈善的品德获此荣誉。

这个世界，被她施了魔法

7月31日，是全世界“哈迷”一个永远值得纪念的日子——他们热爱的那个魔法世界里的小英雄哈利·波特就是在这天出生的。而且，这一天也正是一手创造出哈利，被称为“哈利·波特之母”的J.K罗琳女士的生日。

1965年7月31日，在英国格温特郡的一家普通医院，罗琳呱呱落地。她的父母与魔法师毫无关系，一个是飞机制造厂的退休管理人员，另一个是实验室里的技术员，她还有一个小她2岁的妹妹黛安，他们组成了一个温馨的四口之家。

罗琳一家闲暇时多以书为伴。年轻的父母总是在散发着淡淡书香的石头房子里与两个年幼的孩子尽享阅读的愉悦。

小时候的罗琳相貌平平，个头矮小，一头红发，脸上还有雀斑，后来还戴上了厚厚的眼镜，颇似《哈利·波特》中的赫敏·格兰杰。她也确实像赫敏一样努力读书，总想用自己的聪明和分数给人留下好印象，在学校里自命不凡，上课时第一个举手发言……

1983年，罗琳从埃克塞特大学法语和古典文学专业毕业，取得文学学士学位。毕业后，罗琳来到伦敦西南部的克拉珀姆，在父母的督促下开始进修双语文秘课程。接下来，她几乎是靠打零工为生，调查员、双语秘书、特赦国际组织文员等她都做过。闲暇时间，罗琳不喜欢与同事结伴去酒吧就餐，而是独自前往咖啡馆或其他安静的地方去写成人小说。

1990年夏天，罗琳在曼彻斯特乘坐前往伦敦看望男友的火车旅途中，一个一头凌乱的黑发、绿色眼睛、戴着一副圆眼镜的小男孩，一直在车窗外对着她微笑。他一下子闯进了她的生命，使她萌生了创作《哈利·波特》的念头。

罗琳好像被人施了魔咒，她静静地坐在那里，任由想象天马行空，故事细节就像在霍格沃茨寄宿学院的那数百只送信的猫头鹰般哗然而至——“他正准备坐火车去一所魔法寄宿学校，在此之前，他还不知道自己会魔法，一出场便没有了父母。”哈利·波特的朋友们也一个个从罗琳脑海中蹦出来，一大堆画面在她脑海中盘旋，她还看见一座充满神秘气息的城堡——霍格沃茨寄宿学院。可惜没有带纸笔，火车到站时，这些画面罗琳一个字也没记下来。

面对残酷的现实，魔法并没有立刻上演。同年，事业无成的罗琳受到接二连三的打击。她深爱的母亲去世了；和男友的爱情也走到了尽头。罗琳决定离开伦敦，只身前往葡萄牙发展。在这里，她与葡萄牙小伙子乔治·阿朗特斯不期而遇，并迅速坠入情网。

1992年10月16日，婚礼当天，罗琳穿了一袭黑色礼服，或许已预示了她婚后生活的不顺利。异国婚姻并没有想象中的浪漫，他们争吵，然后和好,不断地轮回。在这段时间里,罗琳一刻不停地编写着《哈利·波特》,这成了罗琳生活的最大的寄托。

1993年女儿杰西卡的出生并没有挽回他们的婚姻。在一次争吵过后,乔治把罗琳赶出家门。罗琳带着4个月大的杰西卡和装满《哈利·波特》手稿的行李义无反顾地回到苏格兰,栖身于爱丁堡市一幢狭窄的没有暖气的单卧室毛坯公寓中。处于失业状态的罗琳不得不带着女儿靠领政府的救济金生活,而这笔钱刚刚够付房租和吃饭。

罗琳每天都把女儿放在婴儿车里散步,试着让她早点睡着。女儿一睡着,她就迅速推着她走进一家叫尼克尔森的咖啡馆,叫上一杯咖啡,然后赶紧开始写作。在尼克尔森咖啡馆的角落里,人们经常看到一位不修边幅的年轻女士,时而深思,时而微笑,不停地在纸片上写写画画。在她旁边,放着一辆婴儿车,一个漂亮的女婴在酣睡。 在写作时间之外,为了补贴家用,罗琳还做多份兼职的文秘工作。

日子终于在1995年开始迎来转机。这年1月,她通过了大学硕士资格的申请;夏天,她成功离婚并取得了女儿的抚养权;更为重要的是,她最终完成了《哈利·波特与魔法石》的手稿。

从未出版过书的罗琳不知道要把书稿寄给谁, 书稿打印出来后,她就试着寄给了几家出版社和经纪人,但都被退稿。她干脆跑到图书馆翻阅《作家和艺术家年鉴》,在众多的名字中,仅凭喜欢"里特"这个充满童趣又可爱的姓,她就决定将前三章稿子寄给经理人克里斯托弗·里特。

1996年2月, 编辑布里昂妮·埃文斯收到罗琳寄去的三章手稿,她只匆匆扫了一眼,以为这是一本儿童读物,而他们并不代理儿童图书,就把这三章手稿扔到了退稿箱里。不过,在寄出退稿通知前,布里昂妮整理了一遍需要退回的稿子。罗琳手稿上的手绘草图吸引了她的注意,布里昂妮一口气读完了稿子,感觉很好。于是,她立即把稿子推荐给老板克里斯托弗·里特,并征求老板的意见,是否应该把作者的全稿要过来看看。

很快，罗琳收到了一封简要的索稿信："谢谢你，我们想看到手稿其余的部分，并保证绝不会泄露。"罗琳欣喜异常，在简陋的屋子里乐得手舞足蹈，一连将信读了七八遍。

1997 年 6 月 26 日，《哈利·波特与魔法石》终于由布卢姆斯伯里出版社出版了。尽管首印只有 500 册。当罗琳拿到自己的书的时候，她把书夹在腋下，逛遍了整个爱丁堡。看见自己的书在书店里售卖，她不禁高兴得有些发抖。

《哈利·波特与魔法石》在英国出版后的第三天，美国学者出版公司以 10.5 万美元的高价买下了美国版权。不到 10 天，华纳兄弟电影公司以 100 万美元的高价买下了电影改编权。

罗琳的创作一发不可收拾。自 1998 年夏天出版了第二部《哈利·波特与密室》，第三部《哈利·波特与阿兹卡班的囚徒》、第四部《哈利·波特与火焰杯》、第五部《哈利·波特与凤凰社》、第六部《哈利·波特与混血王子》，至 2007 年 7 月推出终结篇《哈利·波特与死亡圣器》，销售势头一次高过一次。随后，华纳公司将《哈利·波特》系列搬上大银幕，形成了越来越猛烈的"哈利·波特"飓风。

罗琳就像哈利·波特一觉醒来发现自己在一个魔法的世界里已经赫赫有名一样，全新的生活在这个曾经一贫如洗的单身母亲面前如万花筒般地展开了，金钱、名誉、赞扬、非议还有新的婚姻，接踵而来。幸福的魔法也降临在她的身上，2001 年，罗琳与麻醉医师尼尔·默里在苏格兰的新居携手再度走进了婚姻的殿堂。

谁说靠写作就不能获得幸福也不能致富？

J.K.罗琳就是"点石成金"魔法的现实版。据统计，她的财产已达到 10 亿美元——她是人类历史上第一位"写"出来的亿万富豪。

J.K.罗琳手中的笔犹如一根神奇的魔法棒，向全世界的读者施展着魔法，大人、小孩、男人、女人、政客、明星，无一不被其吸引。

华丽转身，“我是世界上最自由的作家”

2005年3月，美国《福布斯》杂志专门撰文，对“哈利·波特”这个品牌进行了评估。由于书籍、电影等不断在全球热卖，该品牌估价已经突破了10亿美元。

北京时间2005年7月16日早7时1分，是“哈利·波特”系列第六部《哈利·波特与混血王子》的全球首发时间，图书销售巨头亚马逊公司声明，他们已经接到了创纪录的150万册预定数。美国排名前三的书店都举办了隆重的首发仪式，而众多“哈迷”也在现场焦急等待书店开门的那一刻。

2006年6月，英国《图书》杂志公布“英国健在的最伟大作家”排名，J.K.罗琳名列榜首。同时，罗琳透露，第七部也是最后一部中会有两个当初预定以外的角色死亡，并暗示说哈利等中心人物也可能在其中。广大“哈迷”开始担心哈利·波特将难逃一死。大名鼎鼎的美国作家斯蒂芬·金和约翰·欧文甚至请求罗琳不要“赐死”哈利·波特。

在英国广播公司(BBC)2007年7月6日播出的节目里，罗琳接受采访时，向记者透露了她含泪写下系列终结篇《哈利·波特与死亡圣器》的艰辛过程。她说：“当我完成接近终结的一章时，我绝对是号啕大哭。”罗琳独自在酒店房间中写完《哈利·波特与死亡圣器》。她回忆说：“我发自内心地在哭，我在酒店的小酒吧一口气喝下半瓶香槟，回家时，我的脸上满是泪水冲下的睫毛膏。那可真是太难了。”

2007年7月21日，《哈利·波特与死亡圣器》首发当天，24小时之内，全世界范围内共售出逾1500万册，其中德国39万本，英国265万本；美国则达到830万本，创下书刊销售纪录，居《今日美国报》“最畅销书目榜”首位。甚至面市前一天英国皇家邮政推出的“哈利·波特”纪念邮票，预订量也超过30万套。

2007年7月12日，为了表彰本国各界杰出女性的突出成就，英国女王伊丽莎白二世邀请180位杰出女性代表在女王下榻的白金汉宫共进午餐。这些被邀请到的杰出女性包括J.K.罗琳、英国前任首相撒切尔夫人、时任英国首相托尼·布莱尔的夫人、著名律师切瑞·布斯、名模凯特·莫斯等人。在宴会上，罗琳透露了一个小秘密：女王对她的小说和哈利·波特这个人物非常感兴趣，女王是个地地道道的“哈利·波特”迷。

尽管罗琳曾坚定地表示：《哈利·波特与死亡圣器》将是该系列的终结篇。《哈7》出版后，众多“哈迷”热情依旧，纷纷要求罗琳再推续作，让她“时常感到脆弱”，萌发了写《哈8》的念头。易受“哈迷”影响是罗琳的一个特点，她《哈7》的结尾最终放弃“杀死”哈利的原始想法，正是源于“哈迷”的强烈反对。而且，她不仅让哈利活了下去，还让他有了一个幸福美满的结局。

当然，大女儿杰西卡也是她续写《哈利·波特》的最大动力。据悉，作为罗琳最铁杆的粉丝，杰西卡曾一次次地问她，能不能再看到有关哈利的故事，令身为母亲的她感到“很难做到永远拒绝女儿的要求”。

不过，罗琳表示：“如果我要续写，哈利将不再是故事的主人公。我可能会从结局处的10年之后开始写。”《哈7》的结尾处，哈利·波特夫妇、罗恩与赫敏夫妇及老对头马尔福各有儿女。“10年之后”，恰巧适逢“儿女们”长大成人。因此，有国外媒体猜测：“‘哈迷’们有充分理由相信，《哈8》的主人公很有可能就是这些孩子。”

罗琳凭着“哈利·波特”的魔力登入了《福布斯》杂志“全球10亿富翁排行榜”。43岁的罗琳是“10亿富豪俱乐部”中唯一的英国女性、唯一的作家，是世界上白手起家打入其中的仅有的5名女性之一，也是最年轻的成员之一。

罗琳成名后，并没有被罩在自己头上的光环所迷惑，依然醉心于自己的写作。她仍然习惯性地想在咖啡馆的宁静角落继续进行创作，但随着知名度的增加，媒体对她越来越关注，这已经变得不可能了。她在爱丁堡买了一座房子，用来躲避媒体，以使自己能够安安静静地写作——那始终是她快乐的源泉。

《哈利·波特》风靡全球后，罗琳几乎每天都能接到上百个查询电话。从微软公司到波音公司，到生产杯碟甚至生产牛油的公司，都来查询可否用她书中的人物来推广他们的产品。所有这些，都被罗琳拒绝了——她不想让自己的作品用在这些可笑的商业产品上。

有记者问她，在"哈利·波特"如此赚钱的情况下，如果只写 7 部便停止，那就等于扼杀了一只会生钱的"金鹅"，你不会觉得可惜吗？罗琳回答，她绝对不会为了读者和市场的要求，就改变十几年前就已经预定好了的计划。她不想把自己的作品单纯当作赚钱的工具。"我的账单都付了，我们都知道我有能力付自己的账单。我没有任何合同的约束，脑子里有这些人物，并知道除了我之外没有任何人了解他们，这种感觉真是太棒了"。

2012 年，J.K.罗琳的新书伴随着王室新成员诞生般的关注和神秘感到来。确切的出版日期在 2 月宣布，4 月公布书名 The Casual Vacancy (中文名译为《偶发空缺》)，立刻成为国际新闻。

7 月封面曝光，再次登上报纸头条，英国媒体派了一位"设计大师"来解构那个谜一般的封面，试图找到隐藏其中的线索。

那位"设计大师"对媒体笑言："我被要求签署了比买房子还复杂的法律文件，然后才获准在伦敦办公室的严格安保程序下阅读《偶发空缺》。连出版人也无权阅读它，他们小心翼翼地交出手稿，仿佛手上捧的是价值连城的明代花瓶。采访的预定地点是罗琳位于爱丁堡的办公室，具体地址也是不能泄露的。抛却内容不谈，采访事件本身就极具新闻性，法国的《世界报》甚至派出一位记者，专门报道此次采访的保密措施。一切弄得像参见女王般神秘。当然，罗琳是出了名的富翁，比女王还要有钱。”

出版第一本《哈利·波特》的15年来，罗琳蜚声海外，却又变得几乎让人认不出来。她在爱丁堡利斯的咖啡馆里写作时的邋遢红头发，已经慢慢变成了精心打理的闪亮金发。

她包裹在财富和影响力坚不可摧的光芒之下，过着不为人知的自由生活。她由身无分文的单亲妈妈成了世界上第一个靠写作赚到10亿美元的人，但她极少在公众面前露面。

有时，她似乎并不享受发生在自己身上的童话。她曾抱怨过，自己不得不在不止50个场合雇用私人律师，并曾起诉一个为“哈利·波特”写作百科全书的书迷。媒体渐渐将她描述成了一位隐士。

罗琳透露：《偶发空缺》的故事以英国西部风景如画的帕格镇中一位教区议员的猝死开篇。议员巴里在附近的丛地长大，那里属于议会管理，是位于郊区的一片贫民区，备受帕格镇上更信仰上帝的中产阶级唾弃。如果他们可以让“仇丛地派”的某个人当选，接替巴里的议席，就能在投票中获得优势，将丛地划归相邻议会的管辖范围，从而永远摆脱那个可鄙的地方。

对于任何曾经在英国村镇居住过的人来说，帕格镇都眼熟得令人心惊，但这本书的机智和幽默又让它可以被当作国家政治的寓言来读。

“我对当下社会上流行的那种轻易做出判断的倾向很感兴趣。”罗琳说，“我们都体会过谴责的快意，而短期来讲，谴责和评判确实是件令人心满意足的事儿，不是吗？”这本书也讽刺了所谓精英分子的无知，他们自以为知道怎样才是对每一个人最好。

“我们中有多少人能够让自己的思路不局限于自己的个人经验？有那么多人，特别是坐在内阁会议桌边的人，会说：‘我看没有问题’或‘我的父亲就是这么处理的’，等等，老生常谈。然而，这些在别的情况下聪明睿智的人从未想过，别人的生活有可能是跟他们不一样的，因此那些人的选择、信仰和行为也会是完全不同的。穷人被不加区别地当成稀饭般的一团烂泥。有些人就是意识不到，穷人同样也是个体，他们的困境是由不同的、多样的原因导致的。”罗琳说。

与众多英国小说一样，《偶发空缺》不可避免地同阶级相关。“我们的社会势利得令人吃惊。”罗琳点着头说，“这就提供了十分丰富的素材。中产阶级是一个非常有趣的阶级，我对它最熟悉。它是最自命不凡的一个阶级，因此才最有趣。”

罗琳在迪安森林地区长大，她的成长环境跟帕格镇并无很大不同，“而且，这更是我自己在清晰地回忆少年时光，对我而言，那个阶段并不快乐。说实话，无论以任何东西为交换，我也不愿意回到十几岁的时候。绝不。不，我讨厌那段日子”。

罗琳的母亲是一所学校的实验室技师，她 15 岁时，母亲被诊断为多发性硬化症。“并不仅仅是因为母亲得病，尽管那确实也是我日子难过的重要原因之一。我想，我就是不太擅长做个年轻人”。罗琳和妹妹戴安娜与父亲的关系不好，所以她“迫不及待地想要离开家庭”。25 岁时母亲去世，她到国外做英语教师；回国时，她经济上破产，又被诊断为抑郁、有自杀倾向。

罗琳说，写第一本《哈利·波特》时，她正处人生谷底，不得不进行心理干预。

她的救兵是她的第二任丈夫尼尔·莫瑞。她于 2001 年嫁给了这位医生，并生下一双儿女，现在分别已 9 岁和 7 岁。“遇到尼尔后，就感觉什么事情他都和我一起承担。他改变了我的生活。但在那之前，万事都只有我一个人，还要抚养幼小的女儿，一切都是那么的不容易”。

在 2007 年一部纪录片中，罗琳已拥有难以想象的财富和声誉。然而，现在再看那部纪录片，有一种不协调却让人震惊的感受：一边是她成名后“从此幸福地生活下去”的奇迹，另一边却是刻在她脸上的不快乐。她眼神焦虑，表情紧张，言谈略带尖刻。而如今，这些不协调都已不见踪影。

罗琳说，“有好几年，我都觉得自己的心像是踩在跑步机上，费劲地想要跟上。所有的东西都改变得那么突然、那么奇怪。我从前不认识任何公众人物。成名真的是让人非常非常无所适从。”

突如其来的财富带来的并非全是快乐。“你不会预想到财富带来的种种问题。让我感激的是，我的烦恼并没有被当作无病呻吟，但你想不到的还有随之而来的压力，主要表现为各种要求排山倒海般压过来。我觉得自己必须解决每个人的问题。别人对我的要求如海啸般将我淹没，而我真的担心自己会搞砸。”罗琳说。

她梦想的始终是当作家。伴随着“哈利·波特”系列电影开始刷新票房纪录，她却发现自己要负责一个延伸至好莱坞的商业帝国。

“真的是很乏味。我应该更善于交际吗？哦，我根本不在乎。事实上，我会毫不犹豫地牺牲商业上的任何利益来换得几个小时安静写作的时间。”罗琳说，“这话听上去有些不知好歹，因为正是商业给我带来了很多钱，对此我也确实心存感激。但是，那不是我感兴趣的东西，而且我一直有机会做某些事情，赚更多的钱，可我都说了不。”

广告商永远都在出高价想要用《哈利·波特》书中的角色，麦当劳也想出售“哈利·波特”快乐餐，但都没有实现。“我就是讨厌开会。诚然，你赚了很多钱之后，身边的人会才思泉涌，提出各种赚更多钱的主意，若你不想抓住每个机会这么干，他们就会失望。”罗琳说。

她只有一次需要伪装外出，以便不被人认出来，但那只是为了给自己买婚纱。“我只是想安安静静地嫁给尼尔，不要发生什么乱七八糟的事儿”。她不肯透露到底是什么样的伪装。她笑着说：“说不定有朝一日我还会用到呢。”

“我在第一本《哈利·波特》中随手翻开一页，”文学评论家哈罗德·布鲁姆绝望地说，“就发现了 7 处陈词滥调。”那么，罗琳写作《偶发空缺》时，脑子里有没有那些评论家？

“哦不，我真的不是坐在书桌前，想着，好了，现在我该证明自己能怎么样怎么样。”她叹了口气，说，“真的，我不认为自己能为了那个原因而写出一本书来。”写作这么一本野心勃勃的书，却又毫无野心，对罗琳来说，这既不是矛盾，甚至也不是选择。“我只是需要把这本书写出来，我很喜欢它。我以它为傲，对我来说这就够了”。她的确曾考虑过使用假名来出版这本书。

“但从某种角度来说，这样反而是更勇敢的做法。而且，你知道吗，在某种程度上，最糟糕的无非就是每个人都在说，‘这本书糟透了，她应该坚持写童书的’。而我能承受这个评价。所以，是的，我要把这本书放在外面让大家评价，如果所有人都说，‘天哪，这书真是差劲透了，你还是接着写巫师吧’，那我显然不会开个派对来庆祝。可是我会挺过去。我会的。”罗琳说。

凯瑟琳·格蕾厄姆：扳倒尼克松的“美国新闻界第一夫人”

她原本只是个异常羞涩的小女孩，掩藏在成功男人背后的家庭妇女，但命运之神却把她推向了波澜壮阔的新闻舞台。事实证明，女性拥有无限的潜力，只要给她机会。

☆人物概述

她迫使美国前总统尼克松下台，改变了美国的历史。

她成功度过了婚姻破裂、《华盛顿邮报》工潮等三段极艰难的时刻。

她的自传也获得了美国新闻界的最高荣誉——普利策奖。

凯瑟琳·格蕾厄姆在46岁时以家庭主妇的姿态，接替自杀的丈夫出掌《华盛顿邮报》集团。她原本只想守住这份家产，等孩子们长大了再接过手去，没想到一干就是30年。她成功地将《华盛顿邮报》

从一份平凡的华盛顿市报，变成了与《纽约时报》并驾齐驱、享誉世界的顶级大报，她自己也因此成为第一个跻身“财富500强”的女富豪。

凯瑟琳·格蕾厄姆辞世后，美国前总统乔治·W.布什在悼念信中高度称誉她为“备受爱戴的美国新闻界第一夫人”，“她是一位真领袖、真淑女，是一代传奇”。美联储前主席保尔·沃尔克说：“一位如此害羞的女人成为华盛顿一股强大的力量，这实在令人感到惊异。”

凯瑟琳·格蕾厄姆以惊人的勇气和出众的才华成为世界上最有财富、最富传奇性的一位女性，她代表了一个已经逝去的时代。在那个时代中，人性中最为高贵的品质——勇气与正直，在历史的长河中显得如此灿烂。

前半生她是出身豪门却内向害羞的配角

1917年6月16日，凯瑟琳·格蕾厄姆出生于美国纽约市一个富裕的犹太人家庭。父亲尤金·迈耶是在美国出生的法裔犹太人，有着犹太人特有的精明头脑和敏锐的经济眼光。他早年投资股票，赚得数百万美元的资产，成为名震华尔街的大银行家；后来，担任过胡佛总统手下的联邦储备银行总裁，并且在杜鲁门总统执政期间被任命为世界银行的首任行长。她的母亲是一位高智商的妇女，尤其喜欢艺术，曾任《纽约太阳报》特约记者，后来热衷于政治圈内交际和慈善事业。

凯瑟琳·格蕾厄姆的父母都忙于自己的工作，可以说，她的童年和少年是与孤独一起度过的。她的母亲在生下她的时候如此说：“一个可怜的小东西，产钳把她的太阳穴挤压了，把她搞得更丑了。”

凯瑟琳大学时曾就读瓦萨女子学院,两年后转入芝加哥大学。凯瑟琳是家中唯一对新闻工作感兴趣的孩子。

出身豪门,但凯瑟琳却养成了害羞、缺乏自信的性格。这影响了她很长的时间。即便是在婚后,她总是长期默默无闻地起着陪衬丈夫的角色。在宴会上,她常被主人安排在不起眼的座位上,就连她的家人也有点忽视她。一次,她带着孩子散步回到家,丈夫与母亲正在谈话,母亲竟对她说:"对不起,亲爱的,我们正在进行一场知识性的谈话。"

与凯瑟琳·格蕾厄姆的一生紧密联系的是《华盛顿邮报》。《华盛顿邮报》成就了她,也给她的生命带来了伤痛的底色。

这份报纸创办于1877年,1933年在一次破产企业公开拍卖中,凯瑟琳的父亲以82.5万美元收购了《华盛顿邮报》,并陆续为此投入了2000万美元。从此,这家当时影响并不大的报纸便成为尤金·迈耶家族的资产。那一年,凯瑟琳·格蕾厄姆刚刚16岁。当时《华盛顿邮报》的每日销量只有5万份,一年亏损100万美元,是当年市内5家报纸中最差、最蚀本、兼读者最少的一份。

当时,谁也没有想到把这个消息告诉毫不起眼的16岁的凯瑟琳。生性好强的凯瑟琳从此发誓要以新闻为职业。1938年,她从芝加哥大学毕业,然后在《旧金山新闻报》做了记者。第二年,在父亲的劝说下,她到父亲的《华盛顿邮报》参加报纸编辑和发行业务,负责处理读者写给编辑的信件。

46岁因丈夫自杀,出面接管《华盛顿邮报》

1939年,正是美国实行"新政"之时,很多青年涌向华盛顿寻找工作机会,其中有一位25岁的青年名叫菲利普·格蕾厄姆。他毕业于哈佛大学，是一名律师，在最高法院工作。23岁的凯瑟琳和他一见钟情，双双坠入了爱河。当时，凯瑟琳十分腼腆，但是她的内在美和深藏在内心的坚忍，使青年律师菲利普·格蕾厄姆几近疯狂。

凯瑟琳不顾父母的反对，大胆地向菲利普提出结婚，而后者也果断地答应了。只认识3周，他们就订了婚。1940年6月，他们举行了婚礼。

他们结婚之前，菲利普曾应允将不接受凯瑟琳父亲的一分钱，两人靠彼此的薪水生活。但没过多久，菲利普就被迫“违约”了，因为那时候只有男性才可能成为继承人，尤金·迈耶要想控制《华盛顿邮报》，就必须推出菲利普。1945年，凯瑟琳的家人接受了菲利普，凯瑟琳的父亲选择了他作为自己的接班人，让其进入了《华盛顿邮报》。尤金·迈耶利用自己的影响力，让菲利普持有的股价甚至超过了凯瑟琳。父亲对女儿解释说：“没有哪个男人愿意为自己的老婆打工。”凯瑟琳也完全理解父亲的用意，她没有多言，心甘情愿地待在家里扮演贤妻良母的角色。

在菲利普·格蕾厄姆的努力下，《华盛顿邮报》的发行量及影响力不断上升，跻身于全美两大报业机构之一，而且并购了著名的《新闻周刊》，建立起一个庞大的媒体帝国。

她与菲利普的婚姻开始还算不错，但菲利普一向奉行大男子主义，总是看不起自己的妻子，使她事事也不敢多言，俨如小女人。而凯瑟琳则任劳任怨，从不多言。在20世纪50年代末，沉重的工作压力使得菲利普患上了严重的精神抑郁症，并染上酗酒恶习，变得狂躁，没有理性，缺乏自控。然而最令凯瑟琳心碎的是，菲利普与旗下《新闻周刊》的一位女职员发生了恋情，并向自己提出了离婚。凯瑟琳被丈夫紧逼着交出《华盛顿邮报》的股权，但无论怎样，她毫不屈服。她坚持除非丈夫放弃足够的股份而使她控股，否则坚决不答应离婚。

1963年6月，菲利普·格蕾厄姆与女记者的关系结束。他返回家中，躁狂抑郁症日益严重，只好住进了精神病医院。在明白自己的疾病不可控制之后，他不堪忍受痛苦的折磨，于两个月后在弗吉尼亚的一个农庄里举枪自尽。

丈夫死后三天，凯瑟琳决定，自己正式掌管《华盛顿邮报》。那年，凯瑟琳·格雷厄姆46岁，是一个地道的家庭主妇，虽然有过一点新闻从业经验，但对经营毫无所知。

当时她觉得自己根本无法胜任掌控偌大的《华盛顿邮报》报业，只把自己当成企业的暂时看管人，等儿子年纪大一点，便会立即交棒给他们，她认为那是“男人干的活”。然而她的老友皮尔逊夫人却劝她，不如亲自给《华盛顿邮报》掌舵。皮尔逊夫人说：“请不要这么傻，你是能够做到的，你天生有着父亲办报的基因遗传。你过去的历练，已令你绝对有能力胜任，只是你不自信罢了！”

即使是美国，在20世纪60年代也仍然相当传统，包括报业在内的所有企业，几乎都由男性主导，领导层鲜有女性。本来已是缺乏信心的凯瑟琳，往往连对记者提出的问题也感到提心吊胆和尴尬不已，总是担心做错事，说傻话。她后来打趣地回忆说，在接任公司主席后数月，公司举行圣诞派对，但她却很担心自己因不懂基本礼仪而闹出笑话。结果她竟花了不少时间去“彩排”如何在派对上得体地说出“圣诞快乐”四个字。

就是这样一个害羞的女人，将《华盛顿邮报》办成了集报纸、杂志、广播和电视于一体的庞大的媒体王国，在《财富》杂志500家大公司中曾排行271位。她敢于一次次地与强权斗争，被称做“新闻界最有权势的女人”。

信任令她赢得了拥护与爱戴

接管《华盛顿邮报》时，凯瑟琳46岁，已经是4个孩子的母亲了。原先，她长期退居幕后，胆怯羞涩，缺乏自信，因此没有人了解她，也没有人相信她。而现在，她必须从幕后走向前台；否则，一个庞大的家族媒体集团将不复存在。其时谣言四起，说报纸行将倒闭，抑或转卖给他人。

凯瑟琳又一次向世人展示了她的勇气，她决定不让父亲和丈夫的心血付之东流。

此时的美国已有一些女记者活跃在新闻界，但主管级的却大多是男性，更别说最高管理者了。她接管《华盛顿邮报》时，不少名编辑、名记者都想离开报社。凯瑟琳在自传中说自己当时是“身处悬崖边，闭眼一跳，令人惊讶的是，我稳稳地落在了地上”。

在那个年代，女性要在新闻界出人头地，可谓难关重重。比如，当时《华盛顿邮报》的女编辑竟然无法看到美联社的快讯，只有男编辑才有资格看。著名女主持人芭芭拉·沃特斯与另一名男主持共同主持一个访谈节目，根据规定，只有当男主持问完第4个问题后，芭芭拉才可以开口。这样可笑的“规矩”在今天简直是难以想象的。

凯瑟琳的心情很复杂，她的经历让她既充满不安，又对周围的人很有信任感。她从不干涉新闻编辑的独立自主权，同时对新闻内容永远兴致勃勃。因此，《华盛顿邮报》的员工都爱凯瑟琳，她是《华盛顿邮报》雇员心中最理想的上司。

她为《华盛顿邮报》刊登的内容设置了非常高的新闻质量标准。在《华盛顿邮报》，有医学博士报道医药，有工商管理硕士报道金融，有律师报道法律，并为那些派驻国外的记者在上岗前进行高标准的培训。她明确要求即使是并不直接从事新闻报道和编辑工作的员工，也应当致力于维护一流的新闻质量。《华盛顿邮报》的专业态度逐渐赢得了受众的信任和尊敬，并将报纸内化为自身情感的组成部分，很多读者将阅读《华盛顿邮报》视为主流阶层的身份符号，是步入精英阶层的标志性阅读物，报纸自然而然地成为强势品牌。

一般看来，凯瑟琳一生的最伟大之处，是决定刊登“越战密件”或者是揭露“水门事件”。然而，若没有她在1965年做出决策，提拔著名记者本·布莱德利担任邮报的总编，并放权让各级主管、编辑、记者充分发挥个人的能动性，或许她根本就没有刊登“越战密件”或者是揭露“水门事件”的可能。

布莱德利有着非凡的才能，他手下有大批才华横溢的年轻人。他起初对凯瑟琳表示忽视，但凯瑟琳提拔他为总编后，他在虚荣心得到满足的同时也心存感激之心。布莱德利曾这样评价凯瑟琳：“她有当大盗的胆量！”布莱德利从各处招募年轻人，他激情四射地对报纸进行改革，甚至使《华盛顿邮报》的政治立场从与亲近政府逐渐倾向自由派。

凯瑟琳通过拼命工作找回了自己的自信心。她听从别人的建议，学着和周围的男人们做朋友，向他们学习。她很快熟悉了新闻业务和许多经营的方法。凯瑟琳在关键时刻表现出了惊人的镇定，让周围的许多男人自叹不如。

凯瑟琳改变了《华盛顿邮报》的命运，《华盛顿邮报》也改变了她的一生。育有4名子女的凯瑟琳常说，其人生恍如一出肥皂剧。由一名害羞中年家庭主妇变成报业巨人的格蕾厄姆夫人，在关键时刻往往展现出令人钦佩的勇气。《华盛顿邮报》的职员表示，他们最喜欢的，是她给予了记者最大的礼物：绝对的独立。凯瑟琳曾说：“办报者不应对编辑指指点点。办报者的责任，是尽力确保报纸报道全面、准确、公平和质量最佳。”

坚持立场，两件大事让邮报名响美国

在20世纪70年代，《华盛顿邮报》还只是一份地方性报纸，但它凭借对“越战密件”案及“水门事件”的揭露报道，奠定了该报和凯瑟琳在美国新闻界的地位。凯瑟琳不仅显示了超人的经营才能，还给全世界传媒树立了“高山仰止”的行业风骨。

1971年6月,《纽约时报》率先公布了一份五角大楼机密文件,那是越战时期美国政府的一段秘史,其中内容极为敏感,如果为公众知晓,将足以改变全球舆论对美军参战的观感,并有损美国的形象。因此,几天后,《纽约时报》就被政府告上法庭,受到临时查禁。

此时,正谋求突破自身经营困境的《华盛顿邮报》也获得了这份绝密文件,报社采编人员主张把它刊登出来,而报社的经营方、律师们则顾虑重重,不赞成刊登,更何况其时他们正准备着邮报公司上市的计划。倘若刊登该文件,就意味着和政府对立,于己不利。但同时,那又是特别具有价值的新闻,而其他报纸都没有触及该事件。

凯瑟琳冒着被指控犯"间谍罪"的风险,决定在自己的报纸上刊登五角大楼的秘密文件。此举为当年的反战浪潮提供了极重要的材料,《华盛顿邮报》因此赢得了更多的美国读者。

凯瑟琳后来回忆说:"我当时既紧张又害怕,深吸了一口气后,对编辑说:'继续,继续,继续。马上刊登吧。'"

为此,《华盛顿邮报》被美国政府告上法庭,起诉其泄露国家机密。两周内,政府控告两报的官司从地方法院一路打到联邦最高法院,但最高法院最后站在了出版自由的公正立场,以6对3的票数,使《华盛顿邮报》和《纽约时报》赢得了官司。这也成为凯瑟琳事业中的一个亮点,她是靠自己的一身正气在司法诉讼大战中战胜了美国政府。据说尼克松总统因此对《华盛顿邮报》十分不满,白宫曾两度停止订阅该报。

从此,《华盛顿邮报》赢得了和《纽约时报》相提并论的地位。

真正奠定《华盛顿邮报》王者地位的是对"水门事件"的报道。

1972年6月, 有5名男子私闯水门大厦民主党全国总部被人发现,然后被捕。当时,众多媒体仅把其视为一桩微不足道的小事。但是《华盛顿邮报》的年轻记者鲍伯·伍得沃德却从中发现了疑点,决定追查下去。后来,又一位年轻记者卡尔·伯恩斯坦也加入采访调查。他们通过调查发现:共和党竞选班子在1972年的总统竞选活动中采取了非法行动,派人私闯水门大厦以窃取民主党有关竞选的信息。

《华盛顿邮报》最先揭开"水门事件"丑闻。共和党人尼克松为了掩饰事实，采取各种手段向《华盛顿邮报》施压，威胁、恐吓、以及利诱……在那段时间里，凯瑟琳的一位与尼克松当局有联系的朋友曾告诫她不要单独外出；而负责尼克松竞选活动的约翰·米歇尔，同时是美国的司法部长，对伯恩斯坦和伍得沃德说，如果邮报不停止调查，那么，"格蕾厄姆等于是在把她的身体往绞肉机里放"。凯瑟琳一度受到死亡的威胁。

凯瑟琳受到的压力可想而知。她常问自己："如果这真是重要新闻，其他人都往哪里去了？"她以柔弱之身，一个人顶住压力，一直支持旗下的编辑记者："我们已游到河流最深处，再没退路了！"她坚定地认为，作为一个新闻从业者，作为一家报纸，应该对公众和事实负责，因此她决定对此继续揭发下去。一个女人身上，爆发出如此坚强的精神力量，终于令美国报界刮目相看。

当时，整个美国只有《华盛顿邮报》对"水门事件"寻根究底。他们最后找到了尼克松的录音带，里面录有尼克松政府在采取行动时的话语。此时，全国媒体也开始纷纷攻击政府，终于在1974年8月，尼克松被迫辞职。

从此以后，《华盛顿邮报》成为美国总统每天早晨最先阅读的报纸。

凯瑟琳战胜了总统，她的新闻思想，她的道德勇气，在这期间大放光芒。《华盛顿邮报》和凯瑟琳的声望如日中天，家喻户晓。但更具有历史意义的是，她的努力使得美国媒体成长为与立法、司法、行政机构并存的第四种强大影响力量，她改变了美国的历史。

凯瑟琳和苏联领导人戈尔巴乔夫也险些闹翻了脸。在对戈尔巴乔夫的一次采访后，一位苏联官员向凯瑟琳表示，戈尔巴乔夫对其中部分内容感到不满，希望在见报时能删掉。凯瑟琳听说这一消息后，说了很多抱歉的话，作了很多解释，但坚定的立场却从没动摇："我们从不会自我审查，不为美国总统，也不为苏联总统。"这位苏联官员只好悻悻而回。

将《华盛顿邮报》打造成一个庞大的新闻集团

凯瑟琳出任《华盛顿邮报》集团主席近30年，她成功地将《华盛顿邮报》变成与《纽约时报》并驾齐驱、销量过百万张的顶级大报，令盈利增长了20倍。在1991年，整个集团在“财富500强”大企业中排第271位，而她本人也成为首位打入《财富》杂志“美国企业500强”名单中的女富豪。1963年，《华盛顿邮报》总收入只有840万美元，旗下子公司只有《新闻周刊》和两家电视台。1993年，凯瑟琳把邮报公司首席执行官和董事长的职位传给了儿子唐纳德·格蕾厄姆。邮报已发展成为包括报纸、杂志、电视台、有线电视和教育服务企业在内的庞大新闻集团，总收入达到了14亿美元。1997年，她将邮报发行人的大权也下放，只保留了董事会主席的职务。从公司日常事务中抽身之后，她并没有闲下来，而是经常参与教育、慈善工作。1997年，她出版了脍炙人口的自传《个人历史》。

这本贯注真情实感的自传，一出版就成为畅销书。著名的“兰登书屋”如此评价她的自传：“这是一本有关在工作中学习，有关成长，有关华盛顿，有关一个女人如何在环境的造就下经过自身的努力获得解放的书。”“一本异常坦诚、真实、大气的书，作者乃美国最知名、最受仰慕的女性之一。这本书，正如其书名所说，既是个人的，也是历史的。”该书不仅销量极大，凯瑟琳·格蕾厄姆也因为该书而荣获1998年度普利策奖。

然而凯瑟琳的成功并非一帆风顺，她事业上最艰难的时期，是1975年、1976年《华盛顿邮报》工人大罢工。当年她为了控制成本，采取了一连串开源节流措施，然而部分举措却招来印刷业工会的不满。1975年10

月，印刷厂和广告部门工人决定大罢工，罢工者火烧了《华盛顿邮报》印刷厂房，导致罢工首日报纸无法刊印出版，部分工人还袭击了《华盛顿邮报》的编采人员。

但《华盛顿邮报》的全体记者、编辑却不为所动，报社高层亲自动手，自行接洽广告甚至操作印刷机，还用直升机从报社平台将版样运到邻近州的印刷厂印刷。五个月后，工潮终于化解了。

凯瑟琳也改变了美国报业轻视女性文化的传统。她试过在一次黄昏盛大晚宴后，拒绝跟从场内一群女士退到楼上，让众男士在楼下边抽雪茄边谈世界大事。不过她也极爱简朴的生活，她最喜欢的，就是黄昏时分在厨房中与朋友一起烧菜，当有人给她代劳时，她还会不悦地说："那是我的工作。"

凯瑟琳在美国以至国际舞台上，可谓"相识满天下"，许多常在《华盛顿邮报》见报的大人物，都和她私交甚笃。她常邀请一些政界顶尖精英到她那位于华盛顿老区乔治敦的大宅做客。不少人形容，能获邀到凯瑟琳家做客，是仅次于获邀到白宫做客的最高荣誉。从肯尼迪到老布什、小布什，近40年来的美国总统都到过凯瑟琳的大宅，每次都是尽兴而散。凯瑟琳曾为里根总统设过两次晚宴，也为克林顿举行过欢迎晚宴。跟她友好的外国元首，包括前法国总统德斯坦、前西德总理勃兰特、前英国首相希思、撒切尔夫人、前菲律宾总统阿基诺夫人和捷克总统哈维尔等。1986年阿基诺夫人访美时，在举行答谢宴会时，她不用菲律宾驻美大使馆的官邸，而是在凯瑟琳的私人寓所举行，并由她出面代邀美国政界要人，可见邮报女老板的显赫地位。受她款待的后辈中的朋友则包括微软创始人比尔·盖茨、已去世的戴安娜王妃和"股神"巴菲特。

凯瑟琳·格蕾厄姆成为美国妇女走向成功的榜样，她的勇气，她的正直，鼓舞了不计其数的女性走向自立自强，并将继续激励后来的人。凯瑟琳·格蕾厄姆被美国人视为"改造了20世纪历史的伟大女性"。

2001年7月14日，美国爱达荷州的度假胜地森瓦利，84岁高龄的凯瑟琳·格雷厄姆正匆匆赶往一个媒体高级负责人年会。突然，她脚步一绊，头重重地撞在了坚硬的水泥地上。凯瑟琳在受伤后，被立即用直升机送往医院进行手术治疗。第二天，凯瑟琳·格蕾厄姆被医院紧急护理中心列在“情况危机”者的名单之中。3天后，凯瑟琳·格蕾厄姆离开了人世。

《华盛顿邮报》以头条刊登文章，纪念这位令他们尊敬的好上司，更把她誉为“理想上司”。

这位美国家喻户晓的传奇女人的死，引起了整个美国的震惊。时任美国总统小布什亲自提笔为这位“美国新闻界第一夫人”写下一份充满激情的悼词。在悼词里，布什称赞凯瑟琳·格蕾厄姆的一生“为我们这一代，以及我们的下一代树立了一个巨大的榜样”。他说，美国首都华盛顿及整个国家现在都对丧失“华盛顿及美国新闻界挚爱的第一夫人”，而深感哀痛。布什说，“格雷厄姆夫人的一生是个传奇，她是一个真正的领导，一个真正的女人。美国总统换了一届又一届，格蕾厄姆却没有变。作为一个有影响力的发行人、一个低调的慈善家、一个成功的女商人、一个普利策奖获得者，她为我们留下了很多值得学习的东西”。

对凯瑟琳·格蕾厄姆的离去，美国前总统夫人南希·里根深情地说：“没有了她的华盛顿将从此不同。”媒体则纷纷盛赞她“为千百万妇女打开了机会之门”。

她去世后5个月，《华盛顿邮报》出于增加收入，减轻运营负担的考虑，将零售价从0.25美元提高到0.35美元。这是20年来《华盛顿邮报》首次提高零售价格，但是在竞争激烈的美国报业市场中，《华盛顿邮报》提高发行价格并没有对发行量产生明显的影响。这完全获益于读者的认同和日久天长形成的情感联系。

就连曾遭受凯瑟琳·格蕾厄姆猛力攻击过的冤家——尼克松时代的

美国前国务卿基辛格博士,对她也敬佩有加。他在悼词中说:“《华盛顿邮报》曾不屈不挠地批评我所效力的政府的方方面面。但这种表面的矛盾掩盖不了我对凯瑟琳本人的倾慕和喜爱。我们会怀念她的正直、勇气和高贵品德。她在国家中的地位是无法替代的!”

延伸阅读:

《华盛顿邮报》简史

1877年,斯蒂尔森·哈钦斯创办了《华盛顿邮报》,1880年该报成为华盛顿特区首家每日出版的报纸。

1905年,《辛辛那提探询者报》的拥有者购买了《华盛顿邮报》的多数权。1933年由于经营不善,《华盛顿邮报》几乎倒闭,被拍卖。新的买主重新建立了报纸的信誉和经济状态。

1954年,《华盛顿邮报》购买了它在华盛顿特区的主要竞争者,而成为华盛顿特区的唯一日报。1981年,它的另一个主要竞争者《华盛顿星报》关闭。

2004年,《华盛顿邮报》获得18项普利策奖。

在整个20世纪80年代,《华盛顿邮报》公司不仅获得巨大的经济收益,而且还因为获得普利策奖而在新闻界赢得了世人的瞩目。今天,《华盛顿邮报》公司已经拥有了大量的新闻企业,股票的市场价值总额已经远远超过了50亿美元。

《华盛顿邮报》公司最主要的企业包括《华盛顿邮报》,它在这个世界上最主要城市之一——华盛顿中已经成为最具有影响力的报纸。

《华盛顿邮报》的每日发行量大约为78.5万份,《星期日》的每日发行量大约为110万份。

《华盛顿邮报》的零售价格从1981年最初的25美分已经增加到2001年的35美分。

《华盛顿邮报》公司还拥有华盛顿州的艾弗雷特《先驱者》报。

最近几年里,《华盛顿邮报》在利润和股票市场价值方面已经超过了其最大的竞争对手《纽约时报》。《华盛顿邮报》公司利润的一半来自于《华盛顿邮报》的发行。除此以外,公司的《新闻周刊》拥有310万订户,在美国国内发行量仅次于最大的竞争对手《时代周刊》。

《华盛顿邮报》公司在1961年以1500万美元的价格购买了《新闻周刊》。《新闻周刊》在1995年的经营利润就已经达到了这个数字,到1997年,经营利润达到了3800万美元。

第二部分

把小事情做成大品牌的

巾帼英雄

露丝·汉德勒：十亿“芭比娃娃”的母亲

或许你不知道她的名字——露丝·汉德勒，但是没有哪个女孩会不知道她创造的芭比娃娃。芭比娃娃的形象深入人心，已成为美国文化的标志之一。

☆人物概述

露丝·汉德勒是世界玩具市场上畅销最久的玩具——“芭比娃娃”的创立者，后创建了美泰玩具公司，是美国最成功的女性企业家之一。现在，“芭比娃娃”已经销往世界上150多个国家，总销售额超过10亿元。

1916年，露丝·汉德勒出生在美国科罗拉多州首府丹佛市，家里除了她，还有9个孩子。她的父母当年为了逃兵役，乘坐蒸汽船从波兰移民到美国。

19岁时，露丝只身来到了好莱坞，到那里学习工业设计。在学校她遇到了汉德勒，并在不久后嫁给了他。

1942年，夫妇二人在一间车库里创办了马特尔公司，后来便有了人见人爱"芭比"。

2002年4月28日露丝·汉德勒去世，享年85岁。

☆芭比娃娃的成长纪实

◆从1959年发行至今，全球已售出6亿个芭比娃娃。

◆在美国平均每个小女孩拥有8个芭比娃娃。

◆芭比娃娃有超过43种的宠物，她的第1只宠物是名为Dancer的马。

◆所有已出售的芭比家族，头脚相接的长度，已超过地球圆周7圈的距离。

◆最畅销的芭比是"长发芭比"，发长从头顶一直延伸到脚趾。

◆历史上第1个芭比娃娃现在的价值为5000美元~8000美元，发行当年的售价仅1.99美元。

充满童心的她携"芭比"闯入蓝海

1916年，露丝·汉德勒出生在美国科罗拉多州首府丹佛市。她的父母原是波兰人，为了逃兵役，像无数个到美国寻梦的移民一样，他们乘坐又热又脏的蒸汽船，来到了大洋彼岸。

露丝的父亲是一位铁匠，靠一点微薄的收入维持生活，来养活露丝和她的九个姐妹。母亲整日里为家庭操劳，但是生活的困苦似乎并没有给这个大家庭带来太多的伤害，父亲和母亲对孩子们从不发脾气。后来露丝·汉德勒曾经回忆说，作为最小的孩子，她在成长过程中从不缺乏宠爱。而正是因为在这么多的爱中长大,她才会有孩子的童心,设计出可爱的"芭比"。

19岁时,露丝刚上大学二年级,她个子不高,却充满好奇心,出于对电影的好奇,她只身来到了好莱坞。她来到这个充满诱惑的地方,不是为了当电影明星,而是为了学习工业设计,幸运的是,她在大名鼎鼎的派拉蒙公司摄影片场找到了一份工作。在这里,她遇到了自己一生的爱人埃利奥特·汉德勒,他们很快相爱,并在不久后结婚。

1942年,踌躇满志的汉德勒夫妇在一间车库里创办了他们的公司,最初的产品是木制画框,埃利奥特研制样品,露丝负责销售。

一次偶然的机会,汉德勒试着用制作画框剩下的废料制作小型的家具,发现销路不错,于是公司又多了一项业务,为儿童游乐室设计制造家具。几年后,公司开始赚钱,主业也转向了玩具生产。1945年,汉德勒夫妇与朋友曼特森开办了一家公司,后来它成为生产布娃娃最有名、最成功的公司。

当时,露丝已经有了一个女儿,作为一个母亲和一个做玩具的商人,她十分重视孩子们的想法。一天,她突然看见女儿芭芭拉正在和一个小男孩玩剪纸娃娃,这些剪纸娃娃不是当时常见的那种婴儿宝宝,而是一个个少年,有各自的职业和身份,让女儿非常沉迷。为什么不做个成熟一些的玩具娃娃呢?露丝脑中迸发出了灵感。

虽然有了灵感,但实现的路程却是艰辛的。在芭比娃娃诞生之前,美国市场上给小女孩玩的玩具大多都是可爱的小天使,圆乎乎、胖乎乎的,类似著名童星秀兰·邓波尔的银幕形象,这是大人对孩子们玩具的想象。但从大孩子们的兴趣来看,这种玩具却略显"幼稚",他们需要的是跟自己年龄相仿的玩伴,而不是一个小宝宝。

到底要给自己的娃娃做成什么样子呢?露丝苦苦思索。正好这时,她需要到欧洲出差,于是,露丝来到了德国。在这里,她看到了一个叫"丽莉"的娃娃,"丽莉"十分漂亮,首制于1955年,是照着《西德时报比尔德》

中一个著名卡通形象制作的。“丽莉”是用硬塑料制成的，高18～30厘米。她长长的头发扎成马尾拖至脑后，身穿华丽的衣裙，身材无可挑剔，各种体征应有尽有，而且穿着非常“暴露”。

于是，露丝买下了三个“丽莉”带回了美国。她告诉公司的男同事，自己想设计出一种“成熟”的玩具。但是他们认为“丽莉”衣着太暴露了，是满足男人幻想的产物，并不适合给孩子们。

露丝并没有气馁，她想，为什么我不能将这两点结合起来呢？孩子们需要的是一个长大的，但却不是“暴露”的娃娃。小女孩不光需要跟自己年龄相仿的玩偶，更需要一个她长大后的理想形象。于是，“芭比”的样子在露丝的脑子里越来越成熟了。在公司技师和工程师的帮助下，芭比娃娃就这样诞生了。

以一个女人的细心，接着露丝又请了服装设计师夏洛特·约翰逊为芭比设计服装。1958年，他们获得了生产芭比的专利权。这种娃娃将会改变一个时代，她与以往的娃娃都不一样。她是个大人，四肢修长、清新动人，虽然身材很好，但被漂亮的衣服紧紧地包裹着，她的脸上还流露出如玛丽莲·梦露般的神秘，虽然只有11.5英寸高。最后，露丝把自己的女儿芭芭拉的昵称“芭比”给了这个可爱的娃娃。

不久，“芭比”穿着当时流行的黑白条纹泳装，扎着马尾辫，亮相在纽约玩具展，从此便走上了星光璀璨的红地毯。加之20世纪60年代，美国“婴儿潮一代”逐渐长大，激增的儿童人口和手头宽裕的家庭，也促使“芭比”“新生”得更加如鱼得水。

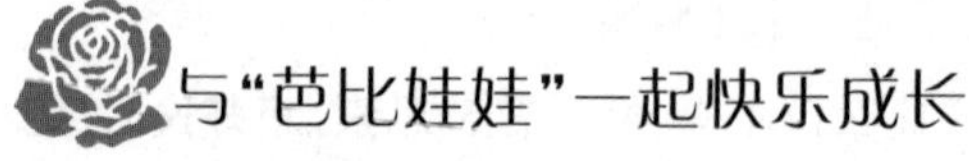

与“芭比娃娃”一起快乐成长

第一批“芭比娃娃”是在日本制造的，并在1959年美国玩具博览会上首次亮相,参展的主题是“芭比——少女的榜样”。但出乎露丝意料的是,“芭比娃娃”并没有被抢购一空,而是遭到了玩具经销商的冷遇。

但市场证明,露丝的判断是正确的。摆在经销商货架角落里的“芭比娃娃”受到了孩子们的欢迎,尤其是小女孩。

1960年,经销商们完全改变了想法,订单像雪片一样飞到了美泰公司。公司花了10年时间才满足人们对“芭比娃娃”的需求,10年里,“芭比娃娃”的销售金额也达到了5亿美元。

“芭比娃娃”是一款普通的玩具,但又很真实:一方面,她美得不可思议,是“千面女郎”;另一方面,却又离我们如此之近,因为她和任何一个小女孩一样都有自己的喜好。

第一代芭比娃娃比较像一个高贵的巴黎上流社会小姑娘,孩子们觉得不够亲切,纷纷写信给露丝,要求给芭比娃娃赋予更多的个性特征。几年后,经过改进的芭比娃娃成了整个一代美国小女孩的枕边密友和知己,她们有些心里话宁可跟芭比娃娃说也不会跟父母讲。在她们心目中,芭比娃娃是一个“活人”。芭比娃娃有全名——芭比·米利森特·罗伯特,她有出生地——威斯康星州,还在威洛高等学校“上”过大学。随着她年龄的增大,她还“交”了一个男朋友——肯。此外她还有一个兄弟、四个姐妹和一个表弟,最起码两打朋友。可以说,是芭比娃娃打开了美国儿童的想象之门。

芭比娃娃可以说是世界上服装式样最多的女人,专门公司和业余爱好者每年为芭比娃娃设计的衣服多达120套。40年来,光是为芭比娃娃做衣服用去的布料就达3亿多英尺。如果将从1959年开始起售的芭比娃娃头并头,脚并脚地排下去,可以绕着地球排7圈。

起先,芭比娃娃是蓝眼睛的金发美女,但随着时间的流逝,芭比娃娃受到了世界各国儿童的喜爱,一系列不同外表、不同民族装束的芭比娃娃相继问世了,当然,也有具有中国特色的芭比娃娃。

芭比娃娃的发型、化妆和服饰,总是风彩各异,随着时代的发展而变化。可以说,芭比娃娃的服饰变迁反映了美国每个时代的潮流变迁史。露丝在她的自传中称,“芭比是个最时髦的‘千面魔幻女郎’。”

在美泰公司,有设计师们专门负责跟踪考察当前社会的流行趋势和小孩子们的最新喜好,为芭比娃娃设计行头。1964年,“披头士”音乐风靡美国,芭比娃娃是一个女“披头士”。后来美国流行迪斯科舞,芭比娃娃成为一个“舞迷”。1964年人类登上月球后,芭比娃娃又变成了“太空人”。后来,芭比娃娃还做过“女教师”、“女经理”、“外交官”、“飞行员”、“女子足球队员”甚至“总统候选人”……

后来,露丝又设计出多款芭比娃娃,并使她拥有了更多的“职业”,如医生、宇航员、企业家、警官、运动员,甚至联合国儿童基金会的志愿者。目前为止,“职业”已经超过80种。“芭比娃娃”的宠物现在已经超过40种,第一只宠物是名叫“Dancer”(舞者)的马;她有自己的男朋友“肯”,这是以露丝儿子的名字命名的;她还有自己的许多姐妹。

“芭比娃娃”的成功为美泰公司带来了大量财富。1966年露丝50岁时,美泰公司已经统治了竞争激烈的玩具世界, 占有美国玩具市场12%的份额。露丝说:“我有我的事业、我的丈夫、我的孩子,我处于世界之巅。”

横跨文化、生活与时尚的“芭比”

从第一个“芭比”诞生之日起,它就一直在被不断地改进和创新。芭比娃娃的外形历经了约500次以上的修正与改良,成为今日的样子。而最近的外貌更是以美国著名的华裔运动员关颖珊为原型。为了让 “芭比”有漂亮的时装,从1995年至今,约有10亿件以上的衣服生产出来,每年约有一百款芭比新装推出。现在“芭比娃娃”畅销世界150多个国家,总销售量超过10亿个。这个介于小女孩和成年女子之间的美国少女,是世界玩具市场上畅销最久的玩具,成为全世界男女老少的心爱之物。

芭比娃娃比曾经风行一时的椰菜娃娃、泰迪熊都要活得长。没有人知道这是为什么,即使她的创造者露丝也无法解释。无论在玩具世界里还是在真实生活中,“长寿”都是神秘而不可捉摸的事情。应该说,露丝当初的灵感给了这个娃娃永久的生命,她是贴近生活,真正为孩子们创造出来“芭比”的“芭比之母”。

直到现在,根据咨询公司NDP最近得出的结论,“芭比”依然是全世界最热卖的玩偶。在过去的半个世纪,她环游了全世界,做过100多种不同的工作。但“芭比”的真正职业其实是“服装模特”。“芭比”的制造商计算过,从1959年开始,“芭比”和她的朋友们至少已经穿过用过超过十亿件时尚单品。

可以想象,“芭比”小姐的衣橱该有多惊人,仿佛可以嗅出顶级服装设计师为其忙碌的汗臭味。她算得上是近水楼台先得月的那名“时尚大红人”。

“芭比”已经远远超越了玩具的定义,成为一个不朽的文化符号。她吸引了流行大师安迪·沃霍的视线,他对“芭比”的倾心,丝毫也不亚于他对玛丽莲·梦露的迷恋;20世纪90年代末的一段时期里,“芭比” 几乎天天生活在美国人的收音机中,虽然高唱着“芭比娃娃”的是丹麦演唱组合;她是20世纪生活的代表,是美国女性的一个象征,是现代的蒙娜丽莎,就连以严肃自居的学院,也不得不屈尊研究“芭比现象”。学生们在社会学课堂上要完成这样的作业:针对“芭比”成为一种榜样都有过怎样的批评?你认为制造商是否应考虑这些批评?虽然这些问题可能永远没有“正确的”答案。

无论引起了怎样的讨论和赞扬,但有一点可以肯定,“芭比”是玩偶设计业诞生的第一个活生生的女人,而不再是一个被动的小孩子。“芭比”的成人化设计打开了小女孩们的视野,她们可以通过“芭比”感知到幼儿园以外的世界,与“芭比”一起体验成人生活的各个层面。从海滩女郎到政治家，芭比变化万千的形象激发了孩子们的想象力，她们希望自己在长大后也能像芭比一样。

“芭比娃娃”在2009年3月9日迎来50岁大寿，全世界为之疯狂。

在巴黎，50位配饰设计师为“芭比”设计出成堆的配件，从鞋子到手袋，一应俱全。

在上海，全球最大的“芭比”旗舰店选在1月9日开幕，包括一间Spa馆、“芭比”博物馆、餐厅、服饰店和玩偶店，粉红的甜蜜填满了整整八层楼。

“‘芭比’影响了全世界，因为她横跨了文化、生活与时尚。”设计师如是说。

“母亲”含泪离开“女儿”

公司上市后，露丝·汉德勒意识到自己没受过专门财务方面的训练，这对美泰这样一家大公司来说是不利的。同时，为了收购新公司的需要，美泰也需要有内行人指引，确保已上市公司股价能够持续增长。

如此种种，为了确保公司可持续增长，露丝决定招聘精兵强将。西摩·罗森伯格、阿尔特·斯必尔走进了管理层。

但正是这两位并列为美泰公司执行副总裁的家伙把露丝送上了“断头台”，并最终把她从自己一手创建的公司中驱赶出去。

1972年底，美泰公司首次对外宣布亏损。股价一落千丈，仅仅18个月间，美泰股价从高达每股52.25美元直落到5美元。此时，关于公司虚报销售状况和收入的消息也很快传开，相关部门正着手调查。美泰公司驻“美利坚银行”的代表通知露丝，债主们要求让斯必尔出任公司总裁。银行家门甚至以停止对美泰的信贷作为要挟。

1973年3月，斯必尔被任命为美泰总裁。

不久后，露丝、埃利奥特双双辞去了美泰董事会的职务，从而断绝了与美泰的一切联系，后又把股票全部抛售。就这样，露丝被净身出户。

露丝以“芭比娃娃”之母为世人称颂，但成为亿万富翁的她却被自己的团队抛弃，不得不把自己辛苦创建20余年的美泰公司拱手相让。与之伴随的厄运还有：得知身患乳腺癌，接受司法审判，并最终被判有罪。但手术后，生性坚强的她很快就从痛苦中恢复了过来。

露丝渴望安装一对用塑胶材料制成的人造假乳，以便使自己的体型重新富于曲线，但却找不到合适的产品。性格固执的露丝决定改变这一切。她认为所有患了乳癌的女人仍然有再次美丽的权利。最后，她找到了一个名叫佩顿·玛赛的雕塑家，露丝跟他一起商讨研究运用各种材料进行试验，最后设计出了第一对既美观轻便，又富有弹性的人造假乳来。她回家戴上试试，感到舒服极了。露丝决定用这项发明帮助其他被切乳手术困扰的女人，她设计并创办了世界上第一家假乳生产公司。许多患乳癌的女性，上至美国前总统夫人贝蒂·福特，下至美国普通女性，都成了她的“大胆”产品的受益者。

在最艰难时期，露丝·汉德勒自我鼓励说：“如果生活变得不那么美丽，你有责任振作起来，去搞清楚是不是你哪里出了问题。只有接受了挫折中的自己，你才能真正接受生活。”体验得出的真实建言，读来让人热泪盈眶。

当然，你别以为一个曾经成功的企业家，能那么轻易被打倒。特别是一位很顽强的女企业家，更不会被打倒，永远不会。

身患乳腺癌，养母角色的大姐因得卵巢癌去世，晚年儿子因得艾滋病去世……但是，最后露丝还是重整旗鼓，顽强站了起来。

离开美泰公司后不久，露丝发明了人造乳房“真我风采”，创建了新公司，旨在为无数失去自信的女人重新找回自信。她的激情又被再一次创业所点燃。更为振奋的是：20年后，作为芭比娃娃的发明者、美泰公司的形象代言人，露丝被重新请回自己一手创立的公司。

这位总是面带微笑，有着火爆脾气、身高不足1.60米的小女人，作为狠辣老板角色时也不地道的女老板，到了临终总结的时刻。在生命的最后10年里，露丝喜欢当着对自己充满敬仰之情的观众总结自己的人生。她按时间顺序，简单地概括自己的人生："我觉得我的人生可以分为三个阶段：在第一个阶段，我以我们共同的方式生活；在第二个阶段，我按照他们要求的方式生活；只有在第三个阶段，我才活出我自己。"

2002年，露丝因病去世了，150多个国家的10亿个"芭比"失去了她们的母亲。露丝曾经在她的自传里说过："我创造芭比娃娃的理想就是，通过这种玩具的诞生，让所有的女孩子都意识到她们能够成为自己梦想中的任何一种人。芭比娃娃代表了女性拥有同男性一样的选择权……芭比娃娃已不仅仅只是一种玩具，她已经成为女性消费者生活当中的一部分，我为此感到高兴。"

作家毕淑敏曾这样阐释女性之美：当我们说一个女人是美丽的时候，我们的心里更多地感受到她的温暖、亲切、美好和快乐，她接受并喜欢自己的性别，她是自信、坚定、自爱和爱他人的。

露丝·汉德勒正是这样的一个女性。我们之所以应该记住她，并非是她在商业领域取得了不可超越的业绩，而是因为她用自己的创造给无数的女孩带来了梦想、希望，而在她晚年的时候，更是顶着种种嘲笑和阻力，为无数因病切除乳房的女人赢回了她们本不该失去的尊严。

她把自己所有的努力都灌注在自己的产品当中，这就是为什么今天我们看到"芭比娃娃"，仍能清晰地感受到温馨和美好的原因。

"芭比"无可比拟的社会地位

芭比，这个由塑胶制造的漂亮娃娃，曾经是无数女孩子的亲密伴侣。

她激励着女孩子们对美好生活的憧憬,寄托了她们的一切理想,告诉她们关于女人的全部秘密。美国一项心理研究发现:当一个女孩想要芭比娃娃时,说明她已经开始关注自己的容貌和衣着,在她的潜意识里也开始注意异性的目光了。

"'39-18-33'的三围,金黄色的头发,清新的外貌,还有好几抽屉的漂亮服饰。从来没有人见过这样的玩具,如果这是个真人,她将具有何等的魅力啊!"在许多人的心目中,"芭比"已经不被当成一个玩具,而是一个拥有生命的偶像。

或许也正因为"芭比"的完美,她从诞生之日起就遭到女权主义者的抗议和不满,认为她代表的是一个聪明程度令人质疑、具有几乎不可信的完美身材的年轻女子。20世纪70年代,美国全国女性组织和其他女性主义者纷纷指责"芭比",认为她为小女孩树立了"不可实现"的目标。她们认为,如果将11.5英寸的"芭比"换算成1.68米真人大小的话,她的三围应该是"39-21-33"。而根据专家的计算,体形如同"芭比"的女人比例不足十万分之一。相比而言,"芭比"的"男朋友"肯则更为现实一点,男孩如果要长成他那样,比例有1/50左右。

露丝·汉德勒对女权主义者的抨击不以为然,相反她常常提到很多成功女性都爱玩"芭比",而且她们告诉她,芭比娃娃帮助她们树立了自己的梦想。1994年在接受采访时,露丝·汉德勒表示:"芭比娃娃已不仅仅只是一种玩具,她已经成为女性消费者生活当中的一部分,我为此感到高兴。"其实,在露丝·汉德勒本人的办公桌上就摆放着一个镀金的芭比娃娃。

过去关于"芭比"的形象一直有所争议,例如有人认为她将女人形象定于双唇微启、大胸脯、水蛇腰的模样,另外也有不少人将"芭比"视为"可口可乐"、"麦当劳"之外,资本主义势力的另一种代表(因为有不少"芭比"以豪华挥霍、穿金戴银的造型出现)。当"芭比娃娃"成为一个具有文化内涵的名词,她的存在意义也经常受到一些女权主义者的质疑和谴责。1994年，专栏作家安娜·昆德兰女士在《纽约时报》发表《我讨厌“芭比”》：“她教给小女孩们唯一最要紧的是长个又高又瘦的身材，胸脯要高高的，衣裳要多多的。所以我说她不是个好榜样。”芭比娃娃的胸部也是一个相当敏感的问题，露丝·汉德勒曾经认为：“小女孩应该跟胸部丰满的娃娃一起玩，这对她的自尊心有很大的好处。”但一位少女保护机构的人士指出：“她使美丽的女人被定义为可口可乐瓶子的曲线一样的身材，她那太多华丽的衣饰，给予小女孩一个错误的暗示：女人必须涂脂抹粉。这些指责看来似乎有点苛刻，但是芭比娃娃的销量大到一定的程度，使得她所造成的伤害越来越不被觉察，而影响却是越来越深远。”一些医学界的研究人员还严肃地指出：如果芭比娃娃是真人的话，那么她那凹陷的胃和窄瘦的臀部，恐怕无法达到一名妇女必须有17%~22%的脂肪才能保证正常月经标准的生理要求。

尽管如此，各方反对势力还是无法阻挡人们喜爱这位“美女”。“芭比”的形象与影响力，随着时间的累积，仍然越来越往正面上升。在美国问世的《美国梦的脸孔》一书作者，更把“芭比”形容为美国女性独立、自主、自我表现精神的代表。在美国许多大学，“芭比学”甚至可以成为专门一堂课，透过“芭比现象”探讨女性心理、角色、男女关系，以及女性与社会的互动等问题。

策划人士认为：“既然‘芭比’是女孩心目中的专宠，‘芭比’参选总统有助于鼓励女性成为明日的政界领袖。她象征一种机会，让小女孩知道成为总统并不是没有可能。”各行各业的“芭比”让孩子从小知道，女性现在已经涉足几乎所有行业，你的未来充满机会。只要你有兴趣，有毅力，符合条件，就可以成为你心目中的“芭比”。女孩子对芭比娃娃的热爱是由衷的，她们凭借丰富的想象力，为“芭比”摆弄姿态，更换无数新潮流行的衣饰，让她扮演生活中各种各样的角色。可谓一个“芭比”一个故事，一个“芭比”一个梦。

说“芭比”是女性生活的一部分并不为过。现在的“芭比”已经渗透到人们的日常生活，有关“芭比”的产品也是层出不穷，除了玩具主体和服饰外，配套的设计软件、电脑、照相机、文具也是令人爱不释手。根据国际品牌咨询公司对过去12年世界2000多个品牌价值的评估，品牌价值前60名中就包括“芭比”，同时进入这些品牌范围的包括可口可乐、微软、IBM、通用电气、麦当劳等耳熟能详的鼎鼎大名。

《商业周刊》在“2001全球最佳品牌”排行榜上对“芭比”品牌评价说：“她不仅是个玩具娃娃，她是美国社会的象征。”

“芭比之母”露丝·汉德勒曾经说过：“芭比娃娃能够满足所有女孩子最基本的需要，通过芭比娃娃可以显示儿童在成人世界的状况。通过芭比娃娃，女孩子可以幻想将来某一天她们可能拥有的成功、魅力、浪漫、冒险和丰富的机会。这些幻想涉及儿童拥有的许多永恒的需求，从自信到成功，从获得爱到给予爱。”

延伸阅读：

芭比娃娃年鉴

1959年，在纽约玩具展览会上，一个艳丽动人的万人偶像诞生了，她就是芭比娃娃。她之所以能风靡世界数十年而不衰，一个重要的原因是芭比娃娃让人充满想象力。芭比娃娃绝不是一个简单的玩具，这个漂亮娃娃的身上被赋予了梦想的理念，她带着人们去扮演各种角色，她能充分发挥人们的想象力，成就人们对梦想的追求。不管是对家庭还是对朋友，对服饰，她总是能跟着女孩子及世界的变化而变化，一些趣事推进着属于你的“芭比娃娃”的情怀……

1.芭比娃娃拥有80多种事业——从摇滚歌星到考古学家，到总统候选人。

2.芭比娃娃的第一项事业就是作为少年服装的模特。

3.1964年芭比娃娃入大学。

4.军装芭比娃娃在1992年出现。

5.1975年奥林匹克运动员“芭比”首次亮相，她参加了2000年奥运会游泳比赛。

6.20世纪80年代出现了政府首脑的芭比娃娃。

7.1992年“总统候选人”“芭比”，站在讲台上，为妇女、高等教育以及动物权利而竞选。

8.“芭比”系列军队形象，陆军、空军、海军及海军陆战队，得到了五角大楼的肯定，从而最大限度加强了服饰的真实性。

9.“芭比”宇航员出现在1965年、1986年和1994年。

10.1997年，美泰公司首次推出了以轮椅形象出现的洋娃娃。

11.“芭比”运动收藏系列，包括服装系列和与运动相关的洋娃娃，由美泰公司在1998年推出，此举是让女孩子们每天都能满足对运动的渴望。

12.芭比娃娃在1961年去到欧洲。

13.在世界洋娃娃收藏集中，意大利籍是芭比娃娃代表的第一个国籍。

14. 特蕾莎修道院的修女洋娃娃出现在1994年墨西哥少女节的庆祝上。

15.芭比娃娃遍及了全世界150多个国家的市场。

16.自1959年以来，出售整套芭比娃娃及其家庭成员的数量加起来，比绕地球7圈的数量还要多。

17.每一秒钟就有两个芭比娃娃在世界的某个地方售出。

18.最近一个国籍的芭比娃娃是西班牙籍，2000年面世，她穿着闪闪古代斗牛士服。

19.芭比娃娃有45个不同国籍的身份。

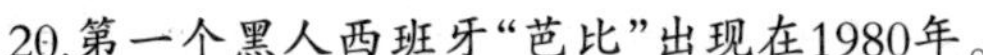

20.第一个黑人西班牙“芭比”出现在1980年。

21.友好大使“芭比”出现在1990年纪念推翻柏林墙。

22.芭比娃娃有超过43种宠物,21只狗、12匹马、3匹矮种马、6只猫、一只鹦鹉、一只小黑猩猩、一只熊猫、一只小狮子、一头长颈鹿和一匹斑马。

23.在以往的销售中,销量最好的芭比娃娃是“长发芭比”,她的头发从头顶一直长到脚趾。芭比娃娃的全称是“Barbie.Millicent.Roberts”(芭比·米利森特·罗伯特),出生在威斯康星州的威劳斯市,并就读威劳斯中学。

24.芭比娃娃有五个妹妹,思奇帕1964年出现,图迪双胞胎姐妹出现在1966年,思坦茜在1992年,凯莉在1995年以及克莱丝在1999年。

25.“芭比”的男朋友肯在“芭比”面世的两年后出现,即1961年。

26. 肯的名字是在美泰公司创始人露丝和埃利奥特·汉德勒的儿子出生之后命名的。

27.1967年第一个加入芭比家族的名人是时装模特特姬。1991年加入的是麦·思·哈玛娃娃。

28.芭比娃娃的第一个宠物是一匹名叫“舞者”的马。

29.芭比娃娃最好的朋友在1963年出现。

30.顾客现在可以使用电脑和互联网通过“我的设计”(1998年上市)来定制他们的朋友芭比娃娃。

31.1999年是第一年芭比娃娃的家庭成员凯莉加入毛绒玩具种类。

32.在美国最受欢迎的收藏品中,玩具收藏仅次于邮票,处于第二位,芭比娃娃在全世界的男女老幼当中都得以收藏。

33.“宝丽来芭比”是一种快速照相机,它可以让女孩子们即时玩出邮票大小的粘贴图片。

32.自1959年以来,为“芭比”及其朋友生产的服装接近10亿套。

33. 用于生产芭比娃娃及其朋友的服装的布料超过一亿五百万匹,

使得美泰公司成为了世界上最大的服装生产厂之一。

34.芭比娃娃的鞋子超过10亿双，她的衣柜每年增加100多件新装。

35.芭比娃娃的代表色是“芭比粉红色”。

36.1996年节假日期间，芭比娃娃的“‘芭比’时装设计师”光盘是销量最好的软件。

37.芭比娃娃的服装收藏包括有由Givenchy，Versace，Dolce&Gabana，Vera Wangand Gucci设计的服装。

38.“芭比童装”有最流行的编织装、短装裤、背包、睡衣和装饰品。

39.芭比娃娃1959年初次亮相，穿着当时流行的黑白条纹泳装，扎着马尾辫。

40.芭比娃娃的创始人是美泰公司的创办人之一，她以她女儿的名字芭芭拉命名此娃娃。

41.第一个芭比娃娃的售价为3美元。

42.在她1959年第一次出现的这一年，共售出351000个芭比娃娃。

43.1959年原型芭比娃娃售价高达10000美元。

44.芭比娃娃的年产值为15亿元。

45.在2000年，“芭比”第一次出现露肚装。

46.1999年，芭比娃娃第一次独立行走；2000年，她自己第一次溜冰。

47.1999年是芭比娃娃40周年，也是世界最流行洋娃娃的庆贺。

48.“芭比”的CD取得1996～1999年儿童主题软件的最佳销量。

49.最新为女孩开发的“芭比”软件是“芭比”魔力基因瓶及光盘，供女孩子们互动玩三维冒险游戏。

50.1999年，“芭比”以“E-时代的秘密”进入电子世界行业。

51.1997年成立“芭比收藏家俱乐部”。

52.1998年“芭比”缩小臀围，腰围，变成凹凸起伏，身材娇小，适合小朋友玩的“芭比”。

53.2001年“芭比”的首次登上大银幕主演动画《“芭比”与胡桃夹子

的梦幻之旅》。

54.2003年“芭比”的祖父母再度现身。“芭比”的好友蜜琪怀孕了。

55.2005年12月，英国巴斯大学的博士艾格尼丝奈恩发表一份研究报告,提出女孩通常经历一个讨厌“芭比”的阶段,她们用不同刑罚对待“芭比”,包括斩首和将娃娃放进微波炉。他表示,否定“芭比”犹如一个否定自己过去的仪式。

56.2008年“芭比”最新电影《“芭比”与钻石城堡》已于9月9日上市。

57.2009年,芭比娃娃50周年。

玛莎·斯图尔特：从家务中诞生的10亿富豪与“明星囚徒”

没有谁能比这位“家政女王”更加迅速，更加完美地修缮自己受损的商界形象，玛莎·斯图尔特十分清楚——胜败平常事，岁月不等人。许多职业女性也如此。她们或许可以从玛莎·斯图尔特那里看到另一些值得珍视的东西：吃、家居、追求细节完美……这些，就是生活的意义。

☆人物概述

出生清贫家庭的玛莎·斯图尔特靠着强烈的雄心壮志和孜孜不倦的努力成为“不可一世”的企业巨子，更成为无数人艳美的偶像。她是美国第二女富豪，名声甚至仅次于英国女王伊丽莎白二世。玛莎·斯图尔特家居用品公司的产品种类无所不包：杂志、书籍、电视节目、床上用品、园艺用品，玛莎·斯图尔特品牌商品无所不在，遍地开花……

1941年，玛莎·斯图尔特出生于新泽西州一个普通人家庭。

1961年春天，玛莎被《魅力》杂志评选为当年“最佳着装女大学生”。

1971年，适逢美国股市低迷，身为美国最早的女证券经纪人之一的玛莎和丈夫在纽约北面的康涅狄格州郊区买下了6间农舍，开始做起了家庭主妇。没想到，这反而为她开辟出了事业的崭新天地。因为玛莎精通园艺、烹饪和缝纫，她经常帮邻居们的家庭聚会准备食品、花卉，在当地小有名气。

20世纪70年代中后期，也正是西方女权主义发展的高潮时期，妇女纷纷投身职场，家务与工作的矛盾开始凸现。如何处理好矛盾？1982年，玛莎根据自己的亲身体验，出版了一本针对中产阶级妇女的畅销书——《消闲》，共售出了50多万册，从此走入了畅销书作家的行列，并开始引领家政家居时尚。随即，玛莎被美国第二大连锁零售商凯马特选中，成为了该公司中产阶级家庭主妇形象代言人。

20世纪80年代中期，出版《如何接待你的客人？》一书，玛莎主攻自身形象出版专著的收益愈加显著。

1991年，玛莎与“时代华纳”合作的家居顾问杂志《玛莎生活》月刊出版，固定读者达到210万。

1993年，由于电视这一“第一媒体”的介入，玛莎·斯图尔特从此有了鲤鱼大跳。这一年，“玛莎生活”电视系列栏目面世，开播三年后，该节目在全美覆盖率达到97%。

1999年，玛莎将以自己命名的生活多媒体公司在纽约证券交易所上市，上市第一天公司的股价就从每股18美元飙升至35.56美元。2001年，“玛莎帝国”的收入达到了296亿美元，她的传媒帝国每月影响近8000万美国人。2000年，她挤入了美国《商业周刊》全球25位最佳经理人之列，与可口可东、美孚石油、花旗集团的首席执行官们平起平坐。

2001年，凯马特与玛莎合作，由玛莎公司设计生产以“玛莎·斯图尔特”为品牌的各种家居用品和日用品，将玛莎的事业从此推上了巅峰。

2002年，玛莎帝国已经发展成为一家规模庞大的媒体和营销企业，其经营活动几乎遍及世界各地，涉及了出版、电视制作、零售连锁、邮购和互联网等各个领域。这一年，玛莎进入美国事件管理产业名人殿。

2004年3月5日，玛莎·斯图尔特被指控在出售英克隆公司股票动机的问题上“对调查人员撒谎”，有罪入狱。她的公司因此陷入了极度的危机。到2004年夏末，公司的股票跌倒了史无前例的8美元，2004年第四季度，公司净亏损5960万美元。

神奇的是，在出狱后的第6天，她的身价升到10亿美元，首次挤进了《福布斯》全球富豪排行榜。

2007年，《福布斯》杂志公布的“娱乐圈贵妇榜”上，67岁的玛莎名列第三。

家庭教育是她成功的基础

出乎很多人意料，玛莎并非出身豪门，甚至没能来自一个美丽的乡村。1941年8月3日，玛莎·斯图尔特出生在纽约新泽西州泽西市，一个又小又土的城市。3岁那年，随父母搬到纽约郊区纳特利。

玛莎的爷爷是一位波兰移民，赴美后曾经经商。玛莎过暑假时，向老人学过一些罐装水果与蔬菜的技巧。玛莎的父亲原来是一位体育教师，后来不得不改行当一名药品推销员，因为他一连生了6个孩子，一个体育教师根本养不起。

家庭生活拮据，父亲对孩子们自然要求严格，除了拼命学习，有空都得干活，其父认为只有勤奋，将来才能出人头地。玛莎是家里的长女，父亲对她更是像榜样一样要求。玛莎曾说："父亲的教育，让我的心变得很硬，硬得能弯曲钢铁。从小我就坚信，只要认定一件事，就一定要做好。"

在父亲的严格管教下，玛莎的学习成绩很好，一直是班里前10名。1959年，玛莎高中毕业时，以前5名的成绩考入纽约巴纳德大学，并获得奖学金。不仅如此，她还成为校报记者、艺术俱乐部成员。

父亲不仅培养了玛莎的性格，还陶冶了女儿的性情。他是一位准专业园艺师兼业余摄影师，成为玛莎在摄影与园艺方面的启蒙老师。

事后证明，在玛莎的家政事业中，父亲传授的这两门技能非常重要。当玛莎创作第一本书时，她自己拍摄了全部插图，而这些插图几乎全部来自她的花园。

玛莎的其他家政手艺主要来自母亲玛莎·克斯蒂拉。克斯蒂拉本来也是老师，但孩子多了之后，她不得不放弃教书，在家照料孩子。玛莎的母亲既是一位优秀的裁缝，又是一位优秀的厨师，擅长做菜及制作点心等，在当地小有名气。玛莎家要举办什么庆典，都在家里进行，与外面的饭店相比毫不逊色。而每当此时，玛莎都要给母亲打下手，耳濡目染学会了许多。

早早步入婚姻生活

玛莎的弟弟说,“姐姐是家里最爱干活的人,她一有空,不是种花,就是擦地,不是烫衣服,就是做点心。”

玛莎自己也承认,从小就喜欢干这些家务活。但年少的玛莎也只是喜欢而已,并不打算以此为业。玛莎渴望从事那些光芒四射的职业,出人头地。

大学时,玛莎先学化学专业,觉得太枯燥又转向艺术,不久,觉得艺术太虚,再转向欧洲建筑史。事实上,转来转去都没引起玛莎的兴趣,她的兴趣在书本之外。玛莎最初想当一名小学老师,后来又想当一名新闻记者,但很快发现自己对这两种工作并不真的感兴趣。最后,她听取了父亲的建议,做了一名时装模特。

玛莎身材高挑,金发碧眼,面相俊俏,而且天资聪颖。于是在巴纳德大学,玛莎一边学习,一边开始了自己的兼职时装模特生涯。不到两年时间,她就在纽约时尚圈混出一点名气。1961年,玛莎迎来她模特生涯第一项荣誉:《魅力》杂志将她评为“最佳着装女大学生”。但后来,这也成为玛莎模特生涯的最高成就, 因为这个成就将她带到另一个人生路口。

玛莎成为巴纳德大学当之无愧的“校花”,追求者甚众。经过左挑右选,玛莎相中了耶鲁大学法律系毕业的安德鲁·斯图尔特。这一年,她刚刚20岁,正念大学二年级。

玛莎准备与安德鲁踏踏实实地过日子了。她与安德鲁在纽约租了一间公寓,只简单装修了一下,连婚纱都是自己做的。然后继续学业,空余时间除了干家务,就是到第五大道给一些富翁做点家政或美食,挣点零花钱。

女儿出生后，他们需要更大一间房子，于是玛莎决定找一份高收入的工作。这一现实的期望使得玛莎苦学了两年，几近废寝忘食，但换来改变其一生的转折点。1968年，玛莎成功通过股票经纪人考试，成为华尔街一名股票经纪人。由于资历尚浅，她只能在一家三流的股票经纪公司任职，但她一干就是5年。因为这家几个人的小公司使她操练了股票经纪的全流程，她不仅拥有了一个财经头脑，而且学会一套流程管理技能。这两种收获对她日后的家政事业具有决定性作用。

1973年，玛莎离开了华尔街，结束了5年的股票经纪人生涯。玛莎对此的解释是，股市不断下滑，投资者信心尽失，业务变得非常难做，几乎挣不到钱。

离开华尔街之后，玛莎与丈夫来到康涅狄格州，买下了一桩农舍。这个破败不堪的农舍后来竟成为玛莎大展拳脚的地方。

在玛莎破败不堪的新家，她拿出了全部的积蓄，花了一年时间，将这所老房子重新装修了一番，将自己与生学来的各种看家本领一一施展：大到房间布局，小到橱柜中每一瓶饮料摆放，一切都精心设计。后来，这所房子的每一处细节几乎都在玛莎的电视节目中展示过。

此次"旧貌换新颜"行动，让玛莎找回了生活的激情，但并没有让玛莎由此开始以家政为业。

多渠道出击打开创业大门

房子布置完，玛莎并不清楚以后自己干什么，她彷徨了近三年。不过，玛莎终于确立一个信念——唯有自立自强。因为她终于明白丈夫是靠不住的，以前她并不相信或不愿相信，她以整个青春和十多年婚姻为代价才觉悟了。

玛莎决定创业,她选择了房地产,本以为自己喜欢室内装饰,也会喜欢房地产,所以就开了一家房地产经纪的小公司。公司注册完成后没几天,玛莎就发现挣钱太难了。一笔买卖还没做成,玛莎就把公司注销了。接下来两年,玛莎什么事都没干,是玛莎职业生涯的空白期。

玛莎赋闲在家,不是把卧室的床单被罩换来换去,就是宴请各路宾朋,这使她与丈夫的冲突日益升级。在这期间,玛莎的一位老同学诺玛给了她一个建议,两人最后决定成立一家非餐饮服务公司。所谓非餐饮,就是专门承包客户的婚礼或聚会,既设计场地、灯光、流程,又提供全部酒水、食品、鲜花等用品的一系列服务。

1975年中,玛莎与诺玛在当地媒体上做了一个小广告,第一单大生意很快找上门来:300人参加的婚宴。因为是第一单生意,玛莎不仅使出了浑身解数,更是竭尽全力地把每一个细节做到极致。她认为:在服务行业,无一漏洞、无可挑剔的效果远胜于耳目一新的效果,万无一失是第一追求。

玛莎一向苛求细节,追求唯美,第一笔生意更是如此。所以只要诺玛有一点点做得不理想,玛莎就会很生气,甚至大发脾气。玛莎这一点遗传自她父亲,但她有过之而无不及。玛莎自己也承认:"我对什么事都不放心,都想亲自过问,无法忍受差错,更不能容忍故意将就。"

玛莎的生意越来越好,在当地的名气越来越大,但她对诺玛发脾气的次数也越来越多。半年之后,诺玛撤资散伙,从此再也没有与玛莎合作过。玛莎这一作风一直未有重大改观,这没有妨碍她的成功,但因此成为众多媒体的讽刺对象。玛莎认为,这是保留自有风格必须付出的代价,必须忍受。

诺玛离去,使两人的宴会服务公司不得不注销,但玛莎表示:"这段日子是我事业真正的起点,我找到了奋斗目标。"

诺玛离去之后,玛莎与媒体结缘。她在离家不远的购物中心开了一个小食品店,一边筹备新公司。每天,玛莎都在自己家里做出各种点心,再拿到食品店销售，生意非常火。同时，由于玛莎对食品烹饪、会场布置、接待礼仪等确实见解独到，仍有不少人请她担当聚会或宴会顾问。

这段时间，为了提升自己的水平，玛莎经常半夜起来读书或研究菜谱，先是一个个照着做，做得一丝不差之后就想办法改进。同时，她还抓紧一切机会向专家学习各种节日习俗与聚会礼仪。有空的时候，她就会静下心来总结自己的心得，发给当地的生活类杂志，比如《好管家》、《家美》、《乡村生活》等。

由于玛莎的投稿是实践中得出的真知，因此很受欢迎。不久，就有杂志请她开专栏。这一切都使玛莎的品位与知名度不断提升。

1977年1月1日，玛莎正式注册成立自己的公司，同时，小店也没关门，反而还增加了一些宴用糕点食品等。玛莎的生意非常红火，年间玛莎挣下100万美元之多。不过，这都是辛苦钱，也是在厨房不分昼夜地工作换来的，而厨房连暖气都没有。

玛莎在当地知名源于她的手艺与品位，但她扬名美国则源于一本书，这本书又源于一次出色的家庭招待会。1979年的一天，玛莎为丈夫操办一个重要的宴会，与会者中有皇冠出版集团前任总裁阿兰·米尔肯。这是玛莎的知遇恩人。

米尔肯不仅喜欢玛莎自备的甜点，更欣赏她营造的聚会气氛，他对玛莎说："你应该写本书，出版的事包在我身上。"米尔肯回去之后，马上向玛莎支付了25000美元预付款，并且给这本书起名叫《招待》(亦译作《消闲》)，定于1982年出版。

已经41岁的玛莎极为认真地利用了这次迟来的好机会。在这本书中，玛莎不仅详细讲述了上流社会的各种礼仪，以及如何筹备聚会的具体建议，还精心设计300多个菜谱，以及家居设计方案，并全部配以精美的图片。

不仅如此，玛莎还用出版社的预付款聘请了自由作家伊丽莎白来协助她，将自己奢华而实用的生活理念与家政技巧表达得淋漓尽致。此书出版之后，很快登上《纽约时报》畅销书榜，并在全美引起轰动，玛莎从此名扬天下。到目前为止，此书已重印30版，销售过百万，成为美国历史上最经典的家政书籍。

《消闲》空前的成功，使玛莎突然领悟到：原来每个人都希望自己的客厅很美，只是实在不知道应该放什么花，放几朵，有劲使不上。同样，大家也都想天天吃可口而精美的食品，只是没人指导怎么做。

这番看似寻常的领悟，对玛莎的一生有着不同寻常的意义，因为玛莎不仅看到了一片广阔的天地，还准确地找到了自己的位置。而这个新的定位，最终使她成为一名极具开创性的企业家，而不只是一位女富翁兼超级明星。

第一条路径：出书

《消闲》的销售热度未减，玛莎很快又推出新书《婚礼》。紧接着，她的书几乎一年一本，甚至一年好几本。从1982年至今，玛莎本人已经出版了5本书，其中关于招待的有5本；关于烹饪的有11本；关于特殊场合的有《假日》9本；关于家庭装饰的有10本。这些书，除一小部分是后来《玛莎生活》等杂志内容的汇编外，绝大部分都是玛莎原创。虽然后来所有作品都未能再创《消闲》的奇迹，但销量多数都在10万册以上。

大量专业图书的出版，不仅奠定了玛莎在家政方面的专家与权威地位，而且这些书一脉相承，为玛莎此后树立个人品牌打下良好基础。

第二条路径：与大机构合作

1987年，玛莎已经出版五六本畅销书，这使得玛莎公司的宴会生意日益火爆，使她成为当地著名的百万富翁，美国著名的家政专家。不仅许多杂志社请她写专栏，连哥伦比亚电视台(CBS)的“今天早晨”节目都经常请她当嘉宾。这个节目不仅让美国人目睹了玛莎的手艺，还见识了玛莎的气质。

就在事业蒸蒸日上的时候，玛莎却与丈夫分居了。玛莎反而有更多的精力开拓她的家政事业。1987年，美国著名的零售商“凯马特”向她递来橄榄枝,请她担任公司的顾问,帮助设计与布置“凯马特”的家居、装饰,以及生活用品区。同时,还考虑让玛莎担当“凯马特”的形象代言人。

此时的玛莎已经46岁。与1979年米尔肯向她约书稿一样,“凯马特”的邀请对玛莎来说又是一个千载难逢的机会。如果说《消闲》一书展示了玛莎的家政真知,那么这一次,玛莎向人们展示了她的商业潜质。

面对居高临下的“凯马特”,玛莎并没有简单地讨价还价。她争取了一份为期5年的合同。根据这份合同,玛莎将担任“凯马特”顾问兼形象代言人,“凯马特”每年向玛莎支付顾问费20万美元,形象代言人酬金9万美元。这笔收入,不算太高,但好戏在后头。

根据这份合同,玛莎赢得机会——在“凯马特”单独开辟两个玛莎专场,分别是“玛莎每日”与“玛莎签名”。玛莎发现这两个系列备受欢迎,就在20世纪90年代的续约谈判中,将这两个系列变成了玛莎系列产品的特许经营。如今,来自“凯马特”的特许经营已经成为玛莎公司收入的重要来源之一。

这份合同还为玛莎带来了另一项重大收益,那就是知名度。在形象代言人谈判中,“凯马特” 的重点是报酬,而玛莎没有将重点放在报酬上,而是放在了曝光率上。谈判结果,她的形象将出现在“凯马特”的所有广告中。如果说《消闲》让她一炮走红,《今日》让她变得面熟,“凯马特”的广告与产品系列则让玛莎真正变成了名人。

第三条路径:报刊专栏

“凯马特”之后,《纽约时报》集团主动找到玛莎,当时玛莎已经连续出版了8本书,给四家著名的家居生活杂志写专栏,讲座出场费高达1万美元。

《纽约时报》最初只是应一些读者的要求,开个小问答专栏,请玛莎直接回答读者的一些“鸡毛蒜皮”问题。后来双方经过协商,专栏的名字定为《请教玛莎》。玛莎秉承她一贯的唯美兼实用风格,用心回答读者的每一个问题。玛莎的认真与专业,使这个专栏很受欢迎。

《请教玛莎》很快被《纽约时报》扩展到旗下100多家报刊，而其他报纸在竞争压力下，也都争相开设《请教玛莎》。不到两年时间，《请教玛莎》就同时出现在200多家报刊上，几乎凡有报纸处，皆有《请教玛莎》。这是玛莎事业中又一个里程碑。

1995年11月，《请教玛莎》同名广播播出，这虽与报纸专栏类似，是一档提前录制好的广播问答节目，但同样大受欢迎，很快扩大到319家电台。

第四条路径：创办杂志

1990年，正当玛莎的事业一日千里时，她与丈夫安德鲁离婚。她开始把自己的家政事业推向一个新阶段——创办《玛莎生活》杂志。按照现任主编史蒂芬的说法，这本杂志主要面向年龄25~49岁之间、兼职工作、住房条件良好的女性。杂志将通过大量精美的图片与优雅的文字，向她们传达玛莎的家政审美理念与操作技巧，但这都是后来的总结。

玛莎的这一想法很好，但实现得很不顺利。玛莎先找到"凯马特"合作，但对方明确表示没有兴趣。玛莎又找到老恩人米尔肯，他将玛莎引见给了美国杂志界的前辈纽豪斯。纽豪斯由于玛莎的杂志与自己的出版集团业务格格不入，最终也婉言谢绝。但毕竟米尔肯面子大，纽豪斯帮玛莎重新设计了这本杂志的风格与结构，这让玛莎受益匪浅。

经过纽豪斯指点，玛莎对自己的杂志方案更有信心，于是主动去找美国著名的杂志出版商CondéNast。碰壁后，她直接联系"传媒大王"默多克，被拒后，又找到著名书商"时代与生活"等，结果也被婉言谢绝。

玛莎反而愈挫愈勇，她最后干脆去找美国最著名的杂志出版商"时代华纳"，接待她的是克里斯·明格。这位有"纽约传媒小巨人"之称的时代出版投资公司总裁与玛莎进行了一场艰苦的谈判，最终玛莎占了下风。

由于玛莎以前只给杂志投过稿，并没有出版经验，更没有广告与发行渠道，所以，只能担任杂志总编，领取工资与奖金；由于市场前景不明朗,时代投资公司只答应先做一本试刊,而且试刊全部图片与文字都由玛莎一人完成,时代投资公司只提供相应技术协助。

如此,时代投资公司不仅极大地降低了风险,而且最大限度地获得了杂志的控制权与预期收益。而玛莎的让步几乎是致命的,当1997年,她想赎回杂志的控制权时,不仅经历了极其复杂的谈判,而且耗资7500万美元。

1991年,《玛莎生活》试行版面市,内容主要有《玛莎插花》、《玛莎穿羊毛衫》、《玛莎装饰圣诞树》等。结果出乎所有人意料,时代华纳向报摊派送的25万本很快销售一空。第二期的广告很快翻一番。《玛莎生活》取得巨大成功,很快从试行刊转为季刊,季刊转为双月刊,双月刊变成月刊。发行量从25万涨到50万,50万涨到100万,100万涨到200万。

《玛莎生活》后来成为玛莎公司的旗舰杂志,也是公司的主要收入来源之一。到2002年,玛莎出事前夕,杂志发行量近300万,年广告页码达到1887页,并先后获得美国出版界150多个顶级奖项。

时代出版投资公司看到了一棵巨大的摇钱树,与玛莎签署了一份长达10年的合同,不仅继续负责《玛莎生活》,还专门成立一个子公司,接管玛莎的图书、新杂志,以及录像的出版与发行等,还替玛莎办起了邮购服务。

在《玛莎生活》带动下,美国涌现出一大批家居生活杂志,但都无法与《玛莎生活》相提并论,因为没人能取代玛莎。

第五条路径:电视节目

在电视节目方面,玛莎经历了两个阶段。

1993年以前,不管是作为新闻人物接受采访,作为家政专家发表演讲,还是作为嘉宾出席CBS的"今天早晨"节目,玛莎都只是收取一点酬金而已,并不参与节目制作。最多也就是应一些电视台的邀请,逢年过节时客串一下主持人,教观众什么节做什么菜,准备什么节日礼物等,并没有意识到自己可以做电视节目。

事情的转机出现在1992年前后,NBC发现玛莎做客的“今天早晨”挺受欢迎,于是也请玛莎出席自己的同档节目“今日秀”。在节目中,玛莎虽是嘉宾,实际上就是主持人,每天出镜半个小时左右,教大家一些家政技巧。

由于这些节目很受欢迎,电视台准备发行玛莎节目的录像带。玛莎就把录像带的出版权当做礼物,送给了多次帮助过自己的恩人米尔肯,由他的皇冠出版社负责。结果,录像带非常畅销,玛莎非常高兴,因为这份厚礼不仅帮她还了恩人一个人情,还让她看到了电视节目的市场价值。

1993年,玛莎找到时代出版投资公司,表示自己想做电视节目。电视节目的名字也叫“玛莎生活”,由玛莎亲自主持,每次半小时,每周播出一次,首先由NBC播出。“玛莎生活”播出后大受欢迎,还获得包括艾美奖在内的多项大奖,节目很快从半小时扩大到一小时,连总统夫人希拉里都喜欢去做嘉宾。1995年,“玛莎生活”从每周播出改为每天播出,被182个频道转播到185个市场,在美国的覆盖率达到97%,成为最火的日间节目之一。

玛莎彻底成为大明星、万人迷、千万富翁。她的书、杂志、专栏,再加上电视与广播节目,可同时接触8800万人,其中近千万人是忠实“铁杆”。

不要说玛莎的发型,就是她随便穿一件羊毛衫,都能引领一股时尚潮流。离开她,许多人不知道怎样做家务,甚至找不到生活的意义。

但玛莎到此并未功成名就。玛莎的书由皇冠出版社出版,《玛莎生活》及诸多杂志受制于时代出版投资公司,《请教玛莎》要请教《纽约时报》,“玛莎签名”与“玛莎每日”系列产品要看“凯马特”脸色。

玛莎如果想实现一个创意的多渠道传播,不仅需要给各路神仙烧香,而且还只能得到收益的尾数部分。在朋友的提醒下,玛莎才意识到自己引以骄傲的家政事业,原来处于四分五裂的割据局面。在朋友的建议下，玛莎进行控制权整合，尤其是一定要收回《玛莎生活》杂志的控制权。

但是要收回各条战线的控制权谈何容易。人家都舍不得“归还”，尤其是有些资产已经价格惊人，玛莎想买也买不起。为此，玛莎不得不寻找机会，精心安排。

最难的就是收回《玛莎生活》。因为时代出版投资公司一开始就知道，如果这本杂志走红，玛莎有一天会赎回控制权，所以提前进行了一些反赎回安排。

从1996年底到1997年，玛莎经过一系列安排，筹资7500万美元，才通过新成立的“玛莎多媒体公司”获得《玛莎生活》的控制权。但即便收购完成后，“玛莎多媒体公司”的身份也只是“玛莎生活”的全资子公司。

直到1999年10月上市前夕，时代出版投资公司才同意将“玛莎生活公司”与“玛莎多媒体公司”合并，但控制权仍在时代出版投资公司手中。而与此前后，玛莎对其他家政产业控制权的赎回穿插进行，相对顺利。

1999年10月，玛莎多媒体成功上市，融资1.32亿美元，旗下拥有图书、杂志、广播、电视、录像、报纸专栏、特许经营等七大业务，年收入近30亿美元。玛莎个人也一夜之间成为亿万富翁。

2000年3月，玛莎多媒体又以3250万美元的价格，从时代出版投资公司手中收购玛莎生活公司52%股权，才最终掌握所有相关产业的控制权，成就一个真正意义上的“家政王国”。

当玛莎多媒体上市之后，玛莎极受推崇，影响力空前。连很多经济学家都认为，就像福特建立了汽车生产线一样，“玛莎”打造了一条信息传播链条，而且各子链条之间能自动实现交叉营销，将是继福特、戴尔之后，美国又一个著名的个人品牌。

但也有人指出，玛莎的事业存在死穴。此人就是美国著名危机公关专家埃里克，他说：“与福特、戴尔不同，玛莎的产业既庞大，又脆弱，因为其个人依赖性极强。她不仅控制着公司90%以上的股权，更是公司品牌核心。尤其是她旗下各项业务还息息相关，极易一损俱损。玛莎本人出事将是整个公司最忌讳的，也是最致命的。”

而这最忌讳、最致命的事情还真的发生了。

2004年7月16日，玛莎涉嫌股票案内幕交易或共谋被判入狱10个月，其中5个月在联邦女子监狱，5个月在家限制活动。法律给这位“家政女王”开了一个不大不小的玩笑。

事业如日中天时惨遭“滑铁卢”

正当玛莎的事业如日中天时，一通出于善意的电话却将她和她的“帝国”推向崩溃边缘。“这哪是手机，明明是手雷”，电影《手机》里的这句台词仿佛是送给玛莎的一句箴言，她的噩运正是从一个电话开始的。2001年底，准备去墨西哥度假的玛莎正坐在私人飞机上，此先，她的多年老友已经告诉她，她持有股份的英克隆公司即将发布不利消息。玛莎悠闲地拨了个电话给她的经纪人，要求将她名下的该公司股票全部售出，并把这个消息告诉了她的朋友们。

玛莎的作为引起一片哗然。经过调查后，国会认为，她的抛售行为属于违法，而且她还向国会说谎，因此涉嫌“妨碍司法公正”。就像轰动一时的“克林顿绯闻事件”，美国人较真的不是总统和白宫实习生之间到底是什么关系，而是克林顿在联邦大法官面前说了些什么。23万美元的非法交易不会让美国人觉得身家数亿的玛莎是个“吝啬鬼”或“守财奴”，但她对这交易的百般抵赖伤了大家的心。玛莎被判入狱后，她的杂志滞销，上市公司市值大幅缩水五成，更为致命的是，30年心血打拼经营的个人品牌转瞬间面目全非。

2004年3月5日，玛莎·斯图尔特由于在出售英克隆公司股票动机的问题上对调查人员撒谎而被宣判有罪。纽约联邦法院判玛莎在监狱中度过了5个月，外加5个月的家中禁闭。她的公司——玛莎·斯图尔特生活全媒体也因此陷入了极度的危机。很多广告客户不愿意在该公司的主打刊物上投放广告，一些消费者也不愿意选择“玛莎·斯图尔特”牌产品，到2004年夏末，公司的股票跌到了史无前例的8美元，2004年第四季度，公司净亏损5960万美元。2001年12月27日，即在英克隆公司发布坏消息的前一天(公司的一种新药未获得政府通过)，沃克萨尔伙同家人抛售公司股票。2003年6月，沃克萨尔承认进行内幕交易，接受了法院的六项指控，被判七年监禁，成为这次“华尔街风暴”获刑事罪的第一位公司高管。

在2003年6月4日的法庭上，玛莎的律师发表声明，质疑政府为何经过长达一年半的调查后才提起诉讼，“难道这是为了引起轰动效应？因为玛莎是名人。难道是因为她在男人的商界中非常成功？”

这席话明显带有煽动性，但在有些方面，是说到点子上了。

第一，玛莎不仅是名人，而且在男人的商界中非常成功，是个女企业家。美国的惠普和雅芳等公司虽然已有女CEO，但知名的女企业家还真不多。玛莎在民调中，经常与希拉里齐名。作为女名人，她们已不像20世纪60年代的玛丽莲·梦露，不愿以男人的玩偶形象自居，而是要活出独立性来。以希拉里为例，面对丈夫克林顿的背叛，她已够心痛了，如果作为一个普通女人乃至总统夫人，她有离开和不离开克林顿的自由，更有不对此解释的权利。可是，希拉里想成为政治家，甚至有意参选女总统，她就必须“诚实”地道出何以不离开克林顿的原因。于是，在她的最新自传中，不得不将“隐私”曝光给大众。好在希拉里挺有才情，用尽天下曲笔，既不能做怨妇，更不能做泼妇，最后似乎真性情地写她喜欢克林顿的手(尤其是那双手翻书的瞬间优雅)，得到了人们的暂时原谅。

玛莎就没如此幸运了。她白手起家,奋力打拼,以高雅生活的倡导者、家政装潢的偶像出现在人们面前,赢得了亿万身家。一旦她稍有不检点,至少从男人的眼光看,这么一个没品位歇斯底里的女人怎能符合传统的高雅女人形象呢?

第二,如果玛莎仅仅如此,也只不过是让一部分人疯狂崇拜,一部分人不屑一顾。但,她不自觉地卷入了20世纪来的一场华尔街的“大众幻想”与“群众性癫狂”中了。

在20世纪90年代,尤其是后期的股市狂潮中,炒作股票已成为美国人的一种生活方式,他们把大部分财富投入了股市,然后打探消息,在市场中跑进跑出,忙得不亦乐乎。但自2000年初开始,狂欢舞会突然结束,人们发现自己的财富大幅缩水,愤怒不已。按照古已有之的常识,很少人会自责,而是会把愤怒渲泄到别人头上。

于是,那些也确实罪有应得的人被抛了出来示众。首先是证券分析师,像鼓吹电讯业、网络业的明星分析员布洛杰特和格鲁罗等;然后是会计师行,像“安达信”就关门大吉了;接着又是CEO,于是世界电讯的埃伯斯乃至通用电气的前CEO韦尔奇也被数落一遍;还有投行,于是美林证券与花旗集团也被网罗进去。最后有人质疑美联储主席格林斯潘,因为他也说了很多看似模棱两可实质鼓励大家入市的话。

但这些大多是机构人士,在散户心目中缺乏“威慑和震撼”,而自愿代表美国生活方式且对大众文化有极大影响力的玛莎便被选作“典型”了。

第三,当然,我们不能因此得出“阴谋论”。因为玛莎确实有内幕交易的嫌疑,尽管我们相信也许成千上万的美国投资人也有类似的小动作。

这就触及以华尔街为代表的美国资本主义市场的本质了。

我们都知道有一个所谓的“美国梦”,尽管有多种表述方式,但其精髓是“赚大钱”。

要赚大钱,就必须动力十足,一不小心就会坠入“贪婪”的行径。说得更贴切些，“赚大钱”与背后的“贪婪”的关系还真不好区别。而“贪婪”是美国宗教禁忌，它之所以被列为七宗罪之一，是因为人类早已知察贪婪的副产品是会严重伤害自身的。

如果说平常还能勉强保持“赚大钱”与不太“贪婪”的平衡的话，那么当华尔街掀起股票狂潮的时候，“贪婪”就会成为“主旋律”了。

80年代中后期，华尔街也有过一股炒作狂热，那次的动力不是“新经济”，而是认为通过企业的重组会振兴美国经济。于是拆分收购公司大行其道，股市也就蓬勃向上。

当时有两个风云人物，一个是企业垃圾债券大王米尔肯，另一个是利用公司购并消息的套利者波斯基。后者终于有一天忍不住说：“贪婪是种美德。”当然，波斯基最后果然以内幕交易罪付出代价被关进狱中，可在一定程度上，他道出了华尔街的本质。

当玛莎的“美国梦”终于演绎到华尔街，成了上市公司的创业者，她早已控制不住自己的贪婪心，还想变成一个炒家，那么为区区4.5万美元赔了名节早已是自然不过的事。

只要有华尔街，有循环不已的“大牛”、“大熊”，它就会刺激人们固有的贪欲之心。华尔街经常是“美国梦”开始的地方，也经常是结束的地方。

最后，我们也许应该提及玛莎的一双手，这是由一位她的好朋友发现的：玛莎的手从手腕往下满是创口、划痕和擦伤。指甲盖磨破了，指肚上有一层厚厚茧子。这不是一位电视明星的手，而是一个干粗活的农民的手。

“在格林尼治一样的优雅外表下，透过连绵起伏的草坪和预先设计好的假日自助餐会，这是一个勤劳刻苦的女人，她愿意黎明即起，喂养120只(头)鸡和山羊，两次修整花坛，撒播500磅的松树皮和泥炭藓，直到一切都完美无缺，无可挑剔，否则不会回家吃饭。在那张漂亮的脸蛋后面潜藏着一颗波兰农民的灵魂。她像俄亥俄州的橄榄球队一样目标明确、意志顽强。伍迪·海斯曾评价后者说,球队会一点一点地向前推进,每次三码,永不放弃。她双臂雪白而两只手伤痕累累,这就是证明。”

“玛莎·斯图尔特案”开审定于2004年1月12日。玛莎这次会放弃吗?

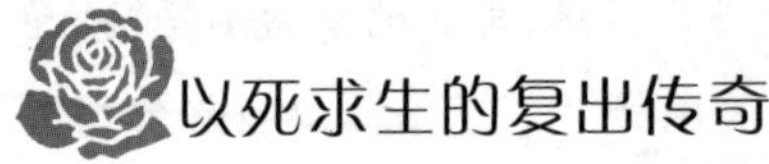

以死求生的复出传奇

那两年多,没人再关注她的手艺,几乎所有媒体兴师动众地挖掘她如何贪婪(身价10亿美元却为5万美元犯罪)、如何粗暴(对摄影师、员工等出言不逊等)、如何冷漠(家事八卦)等,形象大受损害。

更惨的是,玛莎的电视节目被取消,报纸专栏剩下不到50个,杂志发行量与广告都大幅度下滑,公司股价更是从30多美元一路跌到不足9美元。连公司CEO职务都被迫辞去,身价从10亿美元缩水到3亿美元以下。

眼看着苦心经营20多年的心血马上就要毁于一旦,玛莎心痛不已,决定以死求生。在法庭宣判当天,她明确表示放弃上诉,主动要求坐牢,轰动美国。在美联社评选的“2004年美国10大新闻事件”中名列第四。

当安然、世通、泰科的大罪犯们依然逍遥法外时,玛莎的勇于担当,为她博得广泛的欣赏与同情。

玛莎正式入狱的时间为2004年10月8日,其过程全部现场直播。此前,无数媒体已探访过玛莎的“牢房”。监狱方面也因为玛莎的到来,重新布置保卫工作。

当时,几乎所有的评论家都认为,受到玛莎影响,玛莎·斯图尔特生活全媒体公司完了。然而,出乎人们意料的是,玛莎·斯图尔特迅速东山再起,马上回到了聚光灯下。华尔街都形容玛莎的出狱为美国企业界少有的“复出传奇”之一。

让人始料不及的是,玛莎很快走出阴影。审判结束后,玛莎对着媒体镜头微笑,鼓励支持者们继续支持她的事业,她说“我会回来”,大家当这是强作欢颜的退场白。玛莎真不愧为美国的“家政女王”,即使身陷囹圄,风头依然不减当年。她不仅建议监狱大厨们试着开发一些新菜,以提高犯人的生活品位,还不忘照旧保持报纸曝光率,甚至找到了新职业。即使进了监狱,她仍是“明星囚徒”:“我负责打扫地面,清洁机器。我干得很好。要是(监狱)邮局开信封的机器坏了,只有我懂得怎么修理。”她还建议监狱厨房开发新菜式,鼓励犯人练习瑜伽,“在精神和物质上给予那些初次入狱者以帮助”。同时,玛莎没有放弃上诉,她一遍遍告诉法官:“谁也毁不了我。”

当5个月的牢狱之灾结束时,她回来了。2005年3月4日,出狱的玛莎比以往任何时候都更像一位统治者,被大驾恭迎着。出狱仅仅几个小时后,满脸笑容的玛莎就精神焕发地出现在久候纽约家门口的记者眼前,以一种“更温和、更可接近的”形象开始了出狱后的首日家庭“生活秀”。身着一件淡褐色风衣,配以一条编织丝巾,虽已63岁但依然魅力十足的玛莎一早就牵着爱犬“波波”在自家的雪地小牧场散步。随后,她亲自动手把自家那座马棚栅栏修葺一新。接着,她又一头钻入温室花房里动起剪子,出来时已经捧着满满的一手柠檬。当她捧着热巧克力递给冻僵了的记者时,还不忘开句玩笑:“要不要我教你自己做卡布奇诺?”

玛莎·斯图尔特家居生活公司在其网站上专门开辟了一个“欢迎回家”的页面。在出狱后的第6天,她的身价升到10亿美元,首次挤进了《福布斯》全球富豪排行榜。玛莎一出狱后就有两个节目到手。美国NBC公司“见习生”节目组宣布,将邀请她入主主持一个以她名字命名的“玛莎·斯图尔特见习生”电视节目。她的另一节目是“天天厨房”,节目里将邀请热情观众和名人来当嘉宾。玛莎在谈到自己的监狱生活时,坦言监狱生活非常糟糕,尽管如此,她还是看到了自己坚强的一面。“我不允许自己变得情绪低落……我勇敢地面对现实。最终，我胜利地挺过来了，就像从耶鲁顺利毕业一样。”玛莎说，她已记不得被关进西弗吉尼亚州奥尔德森联邦女子监狱第一天的情形。后来她问狱友才知道，自己那天只知道恍恍惚惚地走来走去。后来她在狱中交了很多朋友，大多数狱友对她很友好。“家政女王”恢复了往日的底气，“我的事业很棒，尽管它曾经中断，可我又让它回到轨道上来了”。她不讳言曾经的囚徒身份，“我不需要掩掩藏藏，我不能说这一切都没有发生过。我是一个成年人”。

然而，再出江湖、重振雄风的玛莎并未像过去那样，获得媒体的一片叫好。“从某种意义上说，玛莎的公司不是真正的商业机构，只是一位女性为自己竖立的巨幅招牌。当音乐消失，它注定悄然陨落。”克里斯托弗·拜伦在《玛莎的公司》一书中毫不客气地阐明观点。《福布斯》在将“贵妇”头衔戴在她头上的时候，也不忘指出：她是上榜者中资产最不稳定的一位，所谓的10亿美元身份“几乎每秒钟都在发生变化”。

尽管如此，美国《商业周刊》形容，玛莎是近几年来美国企业界少有的“复出传奇”之一。有趣的是，几个月的牢狱生涯反而使玛莎·斯图尔特更加出名。入狱期间，不仅女儿，连90多岁的老母亲都去看望她，一家人亲密无间；对狱友们，她没有任何明星架子，不仅教他们瑜珈、家政技巧，指导她们创业，还亲自写信帮一位狱友重新融入家庭怀抱。

不仅如此，她还建立一个网站“玛莎有话说”，向公众讲述狱中生活，恳求人们改善这些女犯的住宿与伙食，帮她们重返社会。

狱中5个月，她本人收到十几万封信，公司收到的更多。玛莎为此专门成立一个信件部，逐一回复，感谢大家的关心与支持。

玛莎的亲和与热情，为她树立了全新的个人形象，也使她重新成为超级偶像。2005年3月6日，其出狱过程被现场直播；当日玛莎多媒体股价逼近每股37美元，超过入狱时的两倍(每股15美元左右)；她身上一件看似普通的毛线雨披，很快引领一股新潮流，两天之内，为她提供雨披的网站有100多万人下载雨披款式。

“玛莎变得更为强大了。她的受众群还在那儿,电视和广播都热切地盼望她的回归,华尔街也对她敞开了怀抱。”“玛莎不是不朽的,但是,她回来了,她会更好更强。”

玛莎把本来对自己不利的事件转变成为一个良好的机会,向世人展示了自己美好的一面,成功保持了自身的商业价值,重新恢复了往日的风光。可以说,这是一个典型的危机公关案例。玛莎的故事启示我们:面对危机,如果能够正确处理,也一样可以把危险变为机会。

在任何一个早晨,你都很容易找到一个身穿玛莎睡袍的人,正在品尝从玛莎礼品篮中取出的绿茶,收看着电视上播放的“玛莎·斯图尔特见习生”节目,面对的是玛莎木质咖啡桌,上面摆放着《玛莎生活》杂志……玛莎因此成为美国家庭妇女的楷模,她把自己塑造成为了中产阶级生活的领导者,大量美国女性消费者购买玛莎品牌就是为了让自己获得“中产阶级优雅生活品质”的那种美好感觉。于是,玛莎的故事成为人们不能不关注,不能不了解的人生故事,也因此足以让人们顿悟出无穷的人生感想。

TIPS:

奥普拉·温弗瑞vs玛莎·斯图尔特

奥普拉(以下简称奥):今天,“玛莎·斯图尔特”已经成为美食的代名词,你自己感觉如何?你的生活从根本上说,是从烘烤甜点开始的。

玛莎(以下简称玛):我认为烘烤甜点和维多利亚女王掌管一个帝国是一样的,严肃地对待工作,认真地对待生活。我工作极其努力,也取得了不错的成绩。

奥:远不止“不错”吧。

玛:是很好。但我不想自夸:“你已经做得很好啦,老姐儿。”没人知道我每天花多少小时工作。今天,我凌晨4点就起床了,写了两篇专栏。然后,我去健身房,还接受了另一个采访。我那么努力,就是要有个结果。

奥:对你来说收入意味着什么?

玛:舒适的生活,可以潇洒地签支票,不用担心,紧张,发愁。

奥:人人都把你看做物质生活的女王。精神生活呢?你沉思吗?

玛:我不沉思。我做不到,我太活跃了。我喜欢跋涉于珠穆朗玛峰,徜徉在亚马逊河,漫步于阿卡迪亚国家公园。长途跋涉也是一种沉思。

延伸阅读:

玛莎·斯图尔特的细节启示录

1974年,尼克松辞职的时候,玛莎·斯图尔特对“水门事件”一无所知,她正在为装修自己的房子而辛苦工作,除草、粉刷墙壁、疏通管道。天下事比不得家事更需要操心。那时候的玛莎是个失败的模特儿,她也是华尔街上一个失败的股票推销者,不过,她的婚姻还没有呈现出失败的痕迹,她和丈夫搬到康涅狄格州的西港,在火鸡山路48号买下了一栋老房子,在获得贷款、支付房款之后,他们只能自己动手来翻修老房子。

安家之后,玛莎开始在西港做生意,她提供“餐饮服务”。西港的中高收入阶层家庭经常举办晚宴,玛莎有了施展才能的空间,而她制作的馅饼也可以在拉尔夫·劳伦服装店旁边卖出去——家庭制作、高品质的、中产阶级的、包装精美的馅饼。1977年1月,“玛莎·斯图尔特公司”开张了,她已经出现在多本烹饪和家庭杂志上,她把一个家庭小作坊变成了一家公司。

1982年,她的《消闲》一书出版,这本书大半是关于各种菜肴的食谱,但又不是简单的烹饪指南，火鸡山路48号的住宅成为美丽的背景，书中夹杂着精美的餐桌布置、食品的照片。人们生活中真实的场景是这样：女主人睡眼惺忪地起床弄早饭，面包、麦片粥，可能还有果汁，丈夫起来了拉开冰箱就着盒子喝上一大口牛奶，孩子起来了，可上厕所的时候尿在裤子上了，男女主人都要去上班，孩子要上学，忙碌的早上。但他们可以在《消闲》中看到另外的场景：早餐的桌子上有什么并不重要，但桌子中央是刚刚采摘的带着露水的鲜花。

尽管许多男性评论者认为此书肤浅而造作，但众多工作压力之下的女性发现了一个圣地——厨房，她们还发现了一个梦想的世界，在那个世界里，阳光照在草坪上，餐桌上有新鲜的水果和花，宾客云集，女人们在准备精美的食物。

1987年，美国零售商凯马特公司与玛莎·斯图尔特签约，聘请她为凯马特厨房用品的形象代言人，签约5年，每年报酬是20万美元。“凯马特”是遍布于乡村城镇的廉价折扣商店，而玛莎是“品质的象征”，两者之间有无冲突呢？答案是玛莎利用凯马特公司进一步构建自己的品牌。她看中了另一所老房子，说服凯马特出资替她买下，而她重新装修房屋，并把整个过程拍成录像带出售。房屋翻修与装修是一个庞大的市场，她是市场上的明星。她设计的家居用品摆上“凯马特”的货架——杯子、宠物用的梳子，还有“玛莎·斯图尔特”标示的食品——黄油、火腿和蔬菜。她的书和录像带很受欢迎，她的专栏出现在《家与花园》杂志上，她的电视节目在全美国的一百余家电视台播出。

她在自己的花园里漫步，面对电视镜头说，要在天气转凉、夜晚的第一滴露水落在花瓣上的时候修剪玫瑰花。电视台的经理们不明白为什么许多没有私人花园的家庭主妇会热衷于收看怎样修剪玫瑰花。

《玛莎生活》，这是电视节目的名称，也是她出版第一本杂志的名称。当她说服时代生活公司为她出版以自己的名字命名的杂志时，《生活》杂志的编辑们不解地询问：为什么是“玛莎生活”？但这种知识分子的疑问很快就得到市场的回答:杂志卖出90万本。玛莎收回了与“时代生活”的合作协议,开始自己出版杂志,除了《玛莎生活》,还有《玛莎·斯图尔特婚礼手册》季刊,1999年,“玛莎·斯图尔特生活多媒体”在华尔街上市,她成为亿万富翁。

玛莎·斯图尔特从来没有谈过她的理念,她离婚了,但她想把自己的生活描述得完美无瑕。她商业手腕精明、看中钱(因股票内部交易入狱)、善于利用人际关系,许多职业女性也如此,但她们从玛莎·斯图尔特那里看到另一些值得珍视的东西:吃,家居,生活中的细节完美就是生活的意义。

第三部分

长袖善舞赢天下的智慧女人

卡莉·菲奥莉娜：“超级女推销员”震撼惠普

这个金发、美貌、经常身着阿玛尼套装的女人极具争议，有人说她迷人，有人说她可怕，有人推崇她是“变革急先锋”，还有人说她是“杀人女魔头”。究竟她是能人还是庸才？我们实在难以定论。但是，她这一路走来，足无愧于成为世界女性的典范。

☆人物概述

卡莉·菲奥莉娜，毕业于斯坦福大学，原来是修读中世纪历史和哲学，后在马里兰大学获得MBA学位。毕业后由从事秘书工作到执教鞭，然后投身AT&T的销售电话服务。

1995年，菲奥莉娜参与AT&T分拆朗迅科技，其后便平步青云。

1998年升为朗迅科技的全球服务供应业务部行政总监，管理一个占公司总收入达6成的部门。

自1998年入选美国《财富》杂志评选出的全美50位商业女强人以来，她已第3次入选50强，也是连续第2次荣登50强榜首。在《财富》杂志的美国500家大企业中，以前只有两家公司的领导人是女性，一位是玩具生产商马特尔公司(排名第331)的吉尔·巴拉德，另一位是金色西部金融公司(排名第471)的玛丽安·桑德勒。菲奥莉娜无疑在地位上胜过两位先辈，因为惠普公司是全美第17大公司，年销售收入达124亿美元。她的出任，是“道琼斯工业指数”包括的公司中，第一次由一位女性来掌管。

自1998年入选美国《财富》杂志评选出的全美50位商业女强人以来，并连续6年名列榜首。

早在1999年7月底，当卡莉·菲奥莉娜刚出任惠普公司首席执行官时，她就已经发出了改造惠普的明确信息：“我们需要重新唤醒速度感，唤醒我们的紧迫感。”

2001年9月4日，美国著名的计算机制造商惠普公司发布消息称，该公司已经同意与康柏公司达成一项总值高达250亿美元的并购交易，交易将以股票收购方式进行。两家公司合并的主要目的是进一步削减成本，加强公司的市场竞争力。

2006年2月9日，菲奥莉娜被迫卸下惠普主席兼首席执行官的职务，遣散费高达4200万美元。就在辞退菲奥莉娜后不久，惠普迅速复苏，取代戴尔成为全球最大的个人电脑制造商。菲奥莉娜的支持者甚至一些批评者就此指出，这些都得益于这位女CEO打下的坚实基础。

2008年美国大选期间，菲奥莉娜担任共和党总统候选人麦卡恩的高级经济顾问一职。目前她依然是一些公司的董事会成员，伦敦商学院名誉研究员以及麻省理工学院理事会成员。

有梦想才有未来

卡莉·菲奥莉娜1954年9月生于得克萨斯州的奥斯汀，她从小学习很勤奋，并且表现出战胜一切的勇气。比如，她发现自己迷上了古典语言，就去“啃”希腊文的亚里士多德原著。“人们告诉我，这件事太难了，你坚持不下去的，但我到底还是做到了”。菲奥莉娜后来说。

1972年，菲奥莉娜上了斯坦福大学，专业是中世纪历史。在学习的过程中，菲奥莉娜总是喜欢独立思考，挑战常规的智慧，当大家往一个方向走时，她会思考：为什么不能朝相反的方向走呢？所以在她的大学同学们眼里，她似乎总在跟人辩论，而且毫不退缩。

由于受有“旅行癖”的父亲的影响，他们曾频繁地搬家。先是搬到了伦敦，次年又举家迁往加纳。这一系列“旋风式的旅行”，给菲奥莉娜的成长带来了深刻的影响。最直接的影响是：她曾在三大洲的五所学校中学习过。在这样的生活中，她学会了适应变化，而不被变化所困。她说：“作为外来者，我一直是受到排斥的，但我学会了不再害怕当外来者。”

这句话似乎成为菲奥莉娜的人生预言，在后来的职业生涯中，她便总是以一个外来者的身份，革旧迎新，而且总是扮演赢家的角色。

其实，菲奥莉娜很晚才对商业感兴趣。她的父亲曾希望她成为一名律师，让她上了法学院，但她对这些法律课程毫无兴趣。“一个念头像闪电划过我的脑海：这是我自己的生活。”她说。于是她违背父亲的意愿，放弃了学业，学会了意大利语，并在一家房地产中介公司工作了几个月。这位“斯坦福来的学生”具有令人惊讶的办事效率，从最初的前台工作、接线员、打字员，做到财务分析员，甚至还负责改写几亿美元的营销计划。经理惊呆了，他多次对公司老板比尔·米利恰普说，“你看这个人怎么回事啊？”米利恰普则追忆道：“早在那个时候，她就表现得非同凡响。”

这次初涉商界的经历虽然短暂，但勾起了菲奥莉娜对商业的兴趣。1978年，她进入马里兰大学商学院学习MBA课程。“她是我教过的最聪明的学生，”她的老师艾德文·洛克教授后来说，“她具有杰克·韦尔奇那样的商业智慧，能够统揽全局。”

踏入职场，展露锋芒

两年后，她开始进入AT&T公司当实习经理。

刚开始的工作困难又乏味，但她下定决心要成功，因此有时候干到凌晨3点才睡觉，在餐桌上还不忘制定每周计划。

20世纪90年代初，美国科技公司总裁鲍勃·诺林负责芝加哥的市区电话业务。他对AT&T越来越感到恼火，因为出现了一系列持续好几个小时的电话交换中断。在得知菲奥莉娜是AT&T公司这个地区的上层管理者后，他决定“给她点颜色看看”。

菲奥莉娜没有感到失措，而是承诺尽快解决这个问题，并告诉他“这是我从您这么重要的客户那里接到的第一个电话，因此我们之间一定缺乏联系”。诺林感到备受恭维，敌意顿时冰释。第二天，菲奥莉娜坐飞机来到芝加哥，听诺林介绍详细情况，然后迅速改变了AT&T处理美国科技公司用户的方式。就这样，AT&T解决了他的问题。正如诺林后来所说的，“卡莉变了一场奇妙的魔术”。

1995年9月，菲奥莉娜进行了令她享有盛名的活动：让朗讯科技上市，这家拥有12万员工的电话设备公司即将从AT&T中分离出来。

高层中其他人打算把这家剥离出来的公司定位为长达119年的

AT&T传统的坚定继承者。但菲奥莉娜认为这是错误的,她把公司命名为朗讯(英语中意味“光亮的”),希望让人联想到日出、胜利和高瞻远瞩的领导者所带来的光辉。她连续几周与律师们争论,直至他们屈服了,采取了她的表述方式。

1996年3月,菲奥莉娜、沙赫特和麦克吉恩开始在很多城市进行巡回宣传,力争从投资者那里募集27亿美元。当他们开始行动时,失败的可能性很大。但随着这3位公司首脑马不停蹄地巡回,周围聚集的人越来越多。从伦敦到苏黎世,证券经理人、游荡者和过路者都被吸引来听取朗讯的故事。

投资朗讯的银行家杰夫·威廉姆斯后来回忆说:“我们有了一个好故事,而且我们讲得非常精彩。所有这一切都应该归功于卡莉。”卡莉最明智的行为是力主采用一个大胆的公司徽标:一个匆匆用红油漆画出来的圆圈,但因为油漆用光了而出现了白色断痕。后来这成了具有号召力的朗讯标志,它传达的意思是企业原动力是如此的崭新和大胆,以至于人们没有时间把缺口补上,而AT&T绝不会选择这样的标志。

朗讯的巡回宣传大获成功,投资银行家投入了超出预期的30亿美元巨款,朗讯的股价首次公开上市交易就不断上涨,1996年结束时,它的股票涨了92%。

卡莉令电信行业的老前辈们联想到在能见度只允许车速达到60英里的晚上,一个人在曲折的高速公路上把摩托车开到了90英里。但她的支持者认为,能够在勇敢和莽撞的分界线上正确行动,正是她的魅力之一。

1998年《财富》杂志决定排出商界前50名最具影响力的女性,卡莉·菲奥莉娜就在推荐之中,并成为1998年10月12日一期的《财富》的封面人物,被誉为“美国商业中最有影响力的女性”。

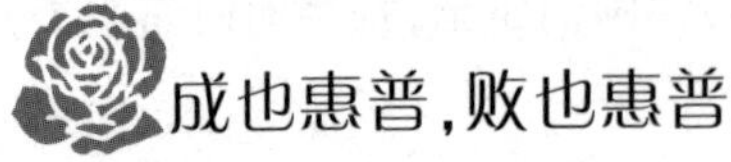

成也惠普，败也惠普

朗讯的上市让世界认识了卡莉·菲奥莉娜，她身上非凡的魅力犹如好莱坞电影里拯救世界的主角一样让人心驰神往。而就在当时，一家世界级的大公司正等待着卡莉·菲奥莉娜的拯救。

不懂电脑的CEO

总部设在美国加州帕洛阿图市的惠普公司是全球第二大电脑制造商，创建于1939年。创始人是自斯坦福大学毕业的两位工程师威廉·惠勒和大卫·普克，惠普公司的名称由来正是两人的姓氏结合。当年惠勒和普克两位工程师就地在帕洛阿图市自家车库中开设公司，但谁也没料到60年后，惠普会成为跨越全球120个国家、设有104个分公司、并拥有12350名员工的国际性大公司。

1999年3月，全球电脑制造业巨头、历史悠久的惠普公司宣布将公司一分为二，成立计算与成像产品公司和测量仪器与医疗器材公司。而从1992年起就担任总裁的李维普拉特也宣布退位。那么，谁将替代这位老将出任总裁的位置，使惠普仍旧立于长盛不衰的地位呢？

惠普公司董事会专门提出了新任CEO的四大能力：第一，要有卓越的领导能力、前瞻眼光及制订总体策略能力；第二，要有优秀企业的管理能力和理财能力；第三，要有强烈的进取心、竞争能力与活力；第四，要具有网络市场的开发经验以及管理拓展新市场的能力。

据了解，当时竞争这一职位的共有4个人，而菲奥莉纳是其中唯一一个不懂电脑的人。菲奥莉纳与惠普的遴选委员谈话时表示，正是因为她不懂电脑，所以惠普才应该用她。

菲奥莉纳认为，她可以带给惠普的不是电脑专业，而是新的想法与新的方向。她在朗讯二十几年的经验，可以帮助惠普踏进通讯和网络的领域。惠普资深董事也是遴选委员之一的迪克·海克邦就提到，遴选委员会和董事会一致选择菲奥莉纳的原因是：她不但在资讯产业方面具备相应的知识，而且具备高科技公司CEO所需的技能。

菲奥莉纳曾在大学时学习过哲学，是一位具有人文色彩的CEO。对历史、哲学等特别有研究，这是许多拥有高科技背景的人所缺乏的。公司遴选委员们认为，菲奥莉纳是一个比较宏观、客观的角色，将有助于公司继续发展。

惠普聘请菲奥莉纳也付出了相当大的代价。据《财富》杂志提供的资料显示，当时菲奥莉纳的身价是1000万美元。全球最有影响力的人，前三名都是企业的创办人或是拥有者，而菲奥莉纳作为一名职业经理人，是由于她本身具备的特有的专长，以及充满活力和激情的领导作风与办事能力，惠普才肯出高价，以弥补她在前任公司的福利和退休金等，使她可以毫无后顾之忧地贡献于惠普。也正因为如此，菲奥莉纳成为了当时全球最有影响力前50名企业领导者之一。据悉，当惠普公司正式对外宣布菲奥莉纳就任该公司总裁兼首席执行官(CEO)时，立即在全球IT界以及股票市场掀起了一阵轰动。惠普公司当日的股价为此一跃而涨了2.75美元，创下当时历史新高，每股116.75美元。

菲奥莉娜接管惠普时的状况

“有人可能会说我们笨重，但没人会说这家公司缺乏闪耀的灵魂。”当菲奥莉娜接管惠普公司时，如是说。惠普自从1984年推出喷墨打印机以来，就没有大的突破性产品。“惠普模式”也逐渐沦为官僚的、意见一致化的文化。在技术快速革新的时代，这对公司要处于最前端的位置没有什么益处。

一个臃肿的官僚机构似乎是许多老牌成功企业的必然伴随物，惠普也不例外，官僚主义在此更是甚嚣尘上。惠普拥有130个不同的产品群，当零售商百思买(BestBuy)想购买电脑产品时，将会出现50个惠普的销

售人员来推销自己单元的商品。当惠普的一名副经理想开展一项运营变革时，需要得到惠普37名不同内部委员会委员的通过才能进行。

与其臃肿官僚机构与众多不同产品群组相伴的是惠普新产品的缺乏。公司管理层通常由于害怕完不成他们的销售目标而不愿意投资新的设想。如果被提议的新产品不能够确保带来良好的利润，或这些被提议的新产品可能从现有产品上调拨人员或抢走生意，公司管理层就不会进一步考虑这些被提议新产品的开发与生产。

打印机是惠普当仁不让的核心产品，该产品自20世纪80年代以来就在惠普占据着主导地位。墨水与调色剂填充装置每年带给惠普近100亿美元的收入，占了惠普总收入的15%。填充装置的盈利能力使得惠普能够以低价销售打印机，这正如吉列公司以低得不能再低的价格销售剃须刀，但却能赢得巨大的利润。

1998年，因公司收入增长率下降到不足10%，公司CEO普莱特开始采取措施应对这种萎靡不振，他邀请麦肯锡公司的咨询人员开展组织重构，结果惠普价值80亿美元的检测部门从公司中剥离出来，该部门与快速增长的电脑与打印机业务几乎没有任何关系。普莱特冒着很大的风险，建议董事会聘请一位新的CEO，这促使了菲奥莉娜的上任。

1999年7月19日星期一，惠普向全世界发布了卡莉·菲奥莉娜上任惠普CEO的消息。

菲奥莉娜能不能把最初的闪耀延续下去呢？她是这样说的："在我的头脑中有一个大厦的影子，它包裹在一层层纱布的下面。声音被埋没了，光线也被挡住了。现实世界的喧嚣和光芒都被隔绝了，我的一部分工作就是把纱布拿掉。"

但是菲奥莉娜进入的这家公司里全是性格和她截然相反的人：卡莉·菲奥莉娜属于外向、相信直觉、感性和领悟力强的人；而惠普公司的员工们则一般被认为属于内向、相信感官、理性和判断力强的人。菲奥莉娜的热情和惠普公司的小心翼翼之间的相互碰撞，意味着一场大胆的科学实验正在上演。

而不论菲奥莉娜什么时候在说话——即便是关于一些最普通的事情——她都会使用一些独特的词汇，满嘴都是充满热情的短语，这在惠普公司是从未听到过的。如果菲奥莉娜对某个新计划很感兴趣，她一般会说："我喜欢它喜欢得发疯！"但那些不太欣赏她快节奏风格的经理们不得不把自己的时钟调整到和卡莉的时钟相吻合，因为卡莉有句名言："快总是比慢好，古来如此，永远如此。"

总之，在这里，实用主义统治了一切。在她的字典中，"足够完美"说明如果公司以足够的速度和热情把一个能打败竞争对手的产品推广到市场中，那么就不要对每一个细枝末节评头论足了。惠普公司的老经理们需要一段时间才能接受这个乍听起来十分突兀的新词汇。

唤醒沉睡的巨人

有人说把握不好历史会是发展中的负担。20世纪末的惠普为了提升自己的科技质感，以数以百计的新科技和新品牌去淡化惠普这个传统"打印机巨人"的形象，导致了品牌混乱，消费者困惑，以及员工消极的后果，销售额直线下降了20%。

重新唤醒惠普的品牌历史感是卡莉·菲奥莉娜走出的第一步。1999年，惠普公司的新总裁正在发起公司十年来的第一次品牌推广活动。

一开始，电视观众只能看到一个小车库的黑影子。接着，一首牧羊曲的轻快音乐响起，车库的红色屋顶突然被照亮了，好像是沐浴在初升的太阳中。这时一位女士开始说话，语气坚定而自信，立刻引起了大家的注意。

卡莉·菲奥莉娜介绍说："这就是两个大胆的年轻人曾经工作的地方。就是在这个车库里，这两个年轻人虽然只有500美元的资本，但他们却凭借这些开创了一个行业。"在短短的几十秒钟内，观众们被带回了20世纪的30年代。黑白的电影胶片开始介绍戴夫·帕卡德和比尔·休利特二人，他们曾在造就惠普公司的这个车库里漫无目的地工作。他们是两个无忧无虑的年轻人，年纪还没到30岁。帕卡德拿出了公司的第一个产品——一个灰色的盒装声频振荡器。这时，话外音的卡莉·菲奥莉娜接着讲起了故事。她说："他们的想法很简单。他们要发明一些有用的东西，否则他们就只能永远停留在车库阶段。这个想法很简单，也很大胆。"在她说这些话的时候，摄像机的镜头转向了现实世界中一个光芒四射的车库上。一个端庄的人影来到车库前，这时广告上突然出现了卡莉·菲奥莉娜的特写镜头。她说出了整条广告中最关键的一段话，"比尔·休利特和戴夫·帕卡德当年创建的公司又获新生。我们将像当年的创业者一样努力工作。大家看着吧！"

广告的最后，身着黑色套装的卡莉·菲奥莉娜依偎在奶白色的车库大门上，微笑着，很自信。

当这条广告在1999年秋天公开播映后，它令惠普公司的职员们魂牵梦绕，重新自信起来，并且充满了与卡莉·菲奥莉娜一同前行的勇气。这家地处硅谷，有着悠久历史，巨大规模的公司又重新站了起来，满怀激情和勇气把自己的故事告诉给了全世界。

让老惠普焕发新活力

在前任总裁普拉特的时代，惠普公司的人员流动速度十分缓慢。公司以近亲繁殖出名，而且引以为自豪。等到菲奥莉娜就任，人员流动速度加快了一倍，特别是在公司300名高层经理中，来自摩托罗拉公司、施乐公司和网景公司的新面孔走了进来。惠普公司人员的"杂交"过程是一个渐进的过程，不易察觉。

通过整合惠普旗下因分权而繁衍出的85条生产线和100余个品牌，并将惠普的83个事业部缩减为一掌之数，菲奥莉娜将大权集中于自己手中。虽然公司内不乏有人对她的激进行为表示不满，但她的信念坚定："引领惠普60年的正是'惠普之道'，唯一不同的是，现在我们补充了'速度及机敏'。信任和尊重是公司价值体系的一部分，奉献精神和服务热忱非常重要，对此我们无意改变。"

她每天清晨4点半起床，查看电子邮件，准备当日的会议，及在脚踏车上锻炼。如果不出差，她通常晚上10点下班。她的行程安排充斥着各类商务旅行，被形容为“比布什的行程还紧密”。

在为惠普制定因特网战略时，菲奥莉娜试图带来一股不可遏制的乐观主义精神。在她到任的头一年，世界对因特网的狂热达到了顶峰。正当快乐的日子就要结束时，惠普却刚刚穿上聚会的衣服：市场部人员创造出一个叫“电子语言”的东西，帮助各家公司更好地在因特网时代互相沟通。设计人员制做出了一个未来的电子社区原型，称作“Cooltown”。与此同时，惠普的计算机业务主管安·利弗莫尔在2000年初从亚马逊网站得到了一笔大订单，当时这家网络公司被看作是美国最引人注目的公司。

在2000年的大部分时间里，惠普公司的股票上涨了将近40%。公司的收入以每年15%的速度增加，几乎是她前任的两倍。

与康柏的撼世“婚礼”

单是依靠自己的力量，惠普公司几乎没有希望在可以预见的将来超过IBM。2000年年中，IBM公司在股市上的市值达到了2000亿美元，年收入也达到了880亿美元，惠普公司的市场价值和年收入只能达到IBM的一半。菲奥莉娜认识到：如果能够进行适当的并购，惠普公司就能缩短差距。

2001年6月22日，当菲奥莉娜为一些软件授权而前往康柏会见其CEO迈克尔·卡佩拉斯时，两个人很快找到了一个新的话题：合并。

而最初的意向却不被董事会看好，只有三个董事对这项并购计划十分感兴趣，还有四个人保持中立或者十分警惕。但菲奥莉娜坚信合并后的公司可以达到伟大的目标，她不无沉痛地向其他人表示，如果并购被否决，“这家公司将不敢再有冒险之举，这是很可悲的”。她进一步指出，“如果我输了，我会成为形象受损、更受争议的首席执行官。你们理解这意味着什么吗？”丢下一句“你们现在必须讨论如果我们输了怎么办”

后，她离开了会议室。

一小时后，她被告知，董事会将给予她更坚定的支持。

2001年9月4日，惠普向全世界宣布合并的消息，并以2500万张选票的优势获得了大多数股东的支持。

几个月来，卡莉·菲奥莉娜和忠于自己的人一直被告之，他们的事业没有指望。如今，他们东山再起，取得了兼并史上最令人震惊的胜利。他们对创建了惠普公司的两个家族的反对不予理睬，找到了成千上万其他的股东，这些人对他们，尤其是对他们提出的兼并后的"惠普—康柏公司"的前景充满信心。

公司合并之后，减少成本的机会大量存在。下面是一些例子：

原来的惠普每年花1.4亿美元用于打印文件、使用手册与宣传册，其中估计有5000万美元属于浪费；公司合并后的该项开支减少到了1.3亿美元，其中仅有大约1000万美元的浪费。

惠普的制造成本在合并的第一年降了26个百分点。所有惠普的供应商被组织到仅有的5个供应链中，并且大多数的供应商通过网络与惠普公司连接，自动地获得销售数据与补货订单，这节约了10亿美元。库存从48天减到40天，因此空出了12亿美元的运营资本。

应收账款收回时间缩短了4天，更快的客户付款节省了8亿美元。

合并后削减了17000个工作岗位。

通过这项复杂合并获得的这些及其他成本的节省，菲奥莉娜每年可以减少35亿的成本——比其承诺的还多节省了10亿美元，且提前了一年。

惠普在核心市场上取得了更多的市场份额，并取得3000项专利，推出367个新产品，公司文化也注入了带有"卡莉色彩"的新惠普DNA（基因）。除了让IBM和DELL"心惊"之余，更有业内人士称惠普CEO卡莉"通过这次兼并使其竞争对手害怕，她以其女性的妩媚和斗志登上了信息产业的高峰"。

2004年，卡莉·菲奥莉娜对普惠全球的组织架构进行了一次新的转

型，在惠普领先科技，有竞争力的价格和最佳全面客户体验的铁三角战略基础上，进一步贯彻"以客户为中心"的策略和文化，将公司转变为新的四大集团：企业客户集团：负责除个人消费者以外的所有企业客户的销售业务；技术与服务集团：专注于所有企业级技术、产品，以及咨询、外包和售后支持等服务；信息产品集团：负责PC、笔记本电脑、掌上电脑等个人信息产品及渠道管理；打印及成像系统集团：负责所有打印机、耗材及个人消费类电子产品。

99分的谢幕

2005年2月，由于和董事会对如何执行惠普的策略存在不同观点，卡莉·菲奥莉娜辞去惠普公司主席兼首席执行官一职。根据她和惠普公司达成的协议，她拿到了2000多万美元的遣散费，再加上养老金和股权，她还会有至少2100万美元的其他收入。

虽然后继者的执行力赫赫有名，但前提和基础恰恰是建立在其前任卡莉为惠普所勾画的发展蓝图之上的。菲奥莉娜当年力排众议将老惠普的松散结构重塑成四大业务集团；又顶着巨大压力主导了惠普与康柏的合并；之后卡莉将"invent"加入惠普公司已沿用近百年的"logo"中，并斥巨资在全球展开惠普"高科技公司"形象的疯狂宣传；后来又紧跟IBM推出"动成长"企业战略；此后卡莉再出奇招，启动惠普数码战略，挥师消费领域……

"在过去的6年中，菲奥莉娜使惠普恢复活力，重获新生。她的战略决策增强了公司竞争力，为公司未来的成功打下了坚实基础。"曾在菲奥莉娜刚刚去职时，担任惠普临时CEO的罗伯特·韦曼在致全体员工的电子邮件中这样写道。惠普中的很多人至今仍坚信，菲奥莉娜的离开并不代表惠普在"菲奥莉娜时代"的战略有问题，而只是菲奥莉娜完成了使命。从某种意义上说，菲奥莉娜更多的是被惠普战术性地放弃了。因此，赫德执掌下的惠普越是春风得意，反而越能反衬出菲奥莉娜之于新惠普的巨大价值。

千万不要贩卖你的灵魂

2005年5月7日，卡莉·菲奥莉娜在美国北卡罗来纳州农业技术州立大学毕业典礼上发表演讲。这是菲奥莉娜被惠普董事会“驱逐”后，首次在公开场合露面。

在演讲中，菲奥莉娜说，回想起在惠普的5年，自己没有丝毫的后悔，她现在的心境非常“宁静安稳”。50岁的菲奥莉娜幽默地表示，她现在开始重新准备简历，等待面试的机会。

在这场题为“你的天分是上帝馈赠的，你的成就是对上帝的回报”的演讲中，卡莉同时也谆谆告诫即将走入社会的毕业生，“不要放弃你的内在本性，千万不要贩卖你的灵魂，因为没有人能够支付得起”。

以下为菲奥莉娜演讲全文。

谢谢，校长。各位，早上好！我很高兴能够与校长一起，欢迎大家参加第114届北卡农业技术州立大学毕业典礼。

亲爱的毕业生们，我很荣幸成为首批恭贺你们顺利完成学业的人之一。大家必须明白：随着母亲节礼物的远离，在未来的岁月里，等待你们的将是艰难坎坷的日子。

毕业典礼演讲的目的是传播智慧。随着我年龄的增长，我越来越意识到，我从生活中学到的最重要的智慧来自我的父亲和母亲。在继续讲下去之前，先让我们再次聆听今天观众席中我们的父亲、母亲、长辈、家人和朋友的心声吧。

我初次收到来这里演讲的邀请时，还是一家在全球178个国家拥有11家分公司、145000名员工、价值800亿美元的公司的CEO。在那个职位上我干了近6年。然而，正如你们已经知道的，我目前已不再担任那一职

务。在我离任的消息传开后,我给学校打电话,问道:你们是否仍希望我前来担任毕业典礼的演讲人呢?校长让我安下心来,他说:"菲奥莉娜,如果说和以前有什么不同的话,那就是你可能现在比以往与这些学生更相似。"他是对的。毕竟,我现在正在准备自己的简历,罗列自己的介绍人,我买了一套新套装以备面试。如果这里有招聘人员在场的话,我大概11号就有空了。

无论如何,我要感谢大家听我的演讲,这是我离开惠普之后的首次公开露面。我非常希望来到这里,因为这个学校由于我所坚信的一些东西而显得与众不同,这些东西把我带回到我生命中最初的记忆中去。

记得有一天,在教堂,母亲给了我一个小盘子,上面有一条谚语。在我整个童年时期,我将那条谚语摆放在房间的小书桌上,今天还可以把那个盘子拿给你们看。上面写着:你是什么由上帝的天赋注定,而你成为什么则是你献给上帝的礼物。

这些话至尽仍然对我有着巨大的影响。这个学校与我同样深信的是,当我们思考自己的生命时,不应该受到其他人的陈词滥调或偏见好恶的限制;相反,我们应该坚持自己对未来发展的判断,坚持自己对成就大业的把握,坚持对自己能有所作为的信念。

大家现在面对的问题是:如何定义自己成为什么样的人?对我而言,这实际上是两个问题:一个是人们从外表上看到的"你",这是大多数人判断你的方式,因为那是他们所能看到的全部。例如,你在生活中是什么人,是某个国家的总统,还是某个企业的CEO;但是,还有一部分的你是看不到的,这就是内在的"你",是只有自己和上帝才明白的人性本质。25年来,当人们向我询问职业生涯的意见时,我常常告诉他们,不要放弃你的内在本性,千万不要贩卖你的灵魂,因为没有人能够支付得起。

我所说的"不要贩卖自己的灵魂",就是不要违背自己的本性,不要掩盖你的天赋,也不要放弃你的信念。无论结果看起来可能多么的可怕或糟糕,无论保持自己本性的结果是什么,总比出卖灵魂好很多。

在到达今天之前,大家经历了无数的检验和测试,你们比我更清楚地知道:从你们离开校园的这一刻起,还要不断接受测试。接受这些测试的原因,是你们或许不适合某些人对你们应该做什么工作、成为什么人的预想或模式化的观念。人们对你们能做什么不能做什么、应该做什么不应该做什么有着模式化的概念。但是,只有当你们愿意让他们影响你们时,他们才能影响你们;只有当你们愿意他们控制你们时,当你们放弃自己的内在本性时,他们才能控制你们。

我的这些感想来自自己的经验。在毕业离校的那一天,我曾经很害怕,担心别人会怎么想,担心我不符合要求,担心做出错误的选择,担心让辛辛苦苦工作供我念大学的人失望。

我毕业时获得了中世纪历史和哲学专业的学位,如果你们有一份需要关于哥白尼或者12世纪欧洲僧侣知识的职位,那就非我莫属了。然而,这一职务的市场并不太大。我当时计划去读法学院,并非因为这是我一生的梦想,而是因为我相信别人期望我如此。既然我意识到永远成不了母亲那样的艺术家,那么至少我应该成为父亲那样的律师。这样,我改行去读法律学院。在最初的三个月里,我几乎夜夜不成眠,每天头痛欲裂。至今我还能确切地告诉你,在一次回家时,在父母的浴室中,我正凝视着那一块瓷砖,一个念头像闪电一样击中了我。这是我的生活,我能做自己想做的事,一切由我掌控!我走下楼,对他们说:“我要退学。”

从某个方面说,我应该给我的父母颁发奖章。当时是1976年,他们很有可能会说:“啊,那么,你就结婚吧。”相反,他们说道:“我们担心你永远无所作为。”我花了些时间说服他们。我的第一份工作是为一家经纪公司工作,当时的头衔不是“副总”,而是“接待员”。我接听电话、打字、整理文档,这份工作我干了一年。此后,我去了意大利,为意大利商人和他们的家人教授英文。我发现我喜欢商业贸易,喜欢它的实用,它的速

度。即使这不是我的目标,我还是成了一个商人。

我喜欢挑战,一开始为自己选择的职业生涯,恰好是在美国最受男权控制的行业。我进入AT&T,不久就意识到,这家企业中很多人都不是我心底感兴趣的人。我成为了一名AT&T长话部的一级销售员,开始了自己的职业生涯。现在,“长话”指的是长途电话业务,不过我当时用“42英寸”来形容AT&T的管理团队,这是他们的西服号码,所有的西服,以及他们的脸,看起来也一样。

我永远忘不了第一次我的老板向客户介绍我时,板着脸说:“这是卡莉·菲奥莉娜,我们这儿的小妞。”我笑着,尽力讨好客户。在会面结束后我找到老板,说道:“以后再也不许这样对我。”

在工作初期,我参加了一个项目,当时称作“管理发展计划”。那是一种强化项目,我被中途扔进一堆已工作相当长时间的男性销售经理当中,他们认为应该给我点颜色瞧瞧。当一位客户前来拜访时,我们本来决定一起吃午餐,趁此机会向这位对我的业务非常重要的客户介绍我。会面前一天,我的一位男同事对我说:“瞧,菲奥莉娜,非常抱歉,我知道我们早已计划好了,但是这位客户在华盛顿特区有一家最中意的餐厅,他们非常希望去那家餐厅,因此我想你可能不能跟我们一起去了。”

“为什么这样?”我问道。那家餐厅叫做“董事会议室”,当时的“董事会议室”是位于华盛顿特区的拂蒙特大街上的一家餐厅,是一家脱衣舞夜总会。实际上,它当时非常有名,因为那里工作的年轻女人都穿着完全透明的洋娃娃睡衣,当客人吃饭时,她们还会在桌子上跳舞。客户要去那里,因此我的男同事也得去。我考虑了大约两个小时,记得我坐在女厕所中,想:“噢,天哪,我怎么办呢?”最后我走回来,说道:“好吧,我希望不会让你们太不舒服,但是我想我无论如何都要一起去。”

现在,我必须告诉你们,当时我害怕得要死。那天早上到了,我必须得去“董事会议室”会见我的客户。我认真地挑选了自己的服装,穿上自己最保守的套装，提着一个类似荣誉保护罩的公文包。坐进出租车后，当我告诉司机我要去的地方时，他猛地转过座位，说："你是在开玩笑吧？"我想他认为我是那家餐厅的新雇员。

不管怎样，我终于到了。下车后，我长吁一口气，正了正我的领结，走进了大门。你们可以想象得出，我进门后见到一边有一张长长的吧台，在我正前方有一个舞台，我的同事们正坐在房间另一边，舞台上正有演出，我必须沿着舞台才能走向他们。我走了过去，我看起来完全像一个傻瓜。坐下后，我们开始进餐。

现在，这个故事有两种结尾。一个是，我的男同事们从此再也没有这样对过我；但是另一种结局是，令我至今为止仍感到欢欣鼓舞的是，整个午餐期间，他们不断尝试让那些穿着透视睡衣的年轻女孩在我们的桌上跳舞。每一个女孩子都过来了，看着眼前的情形，说："一直跳到这位女士离开。"

我知道，你们都有自己的故事。当你们挑战别人对自己应该做什么样的人、应该如何工作的观念时，他们可能试图贬低或侮辱你。这一切可能是发生在阴暗的角落里的"小打小闹"，也可能是在世界大舞台上的"轰轰烈烈"。你们可能花上一辈子的时间来憎恨这些测试，为这些无礼和不公平的行为愤愤不平；或者，你们也能从中奋发起来。人们的观念和恐惧可令他们渺小，但无法让你渺小；人们的偏见可以贬低他们，但无法贬低你。心胸狭隘的人以为他们能够决定你的价值，但是只有你自己才能决定自己的价值。

在前进的每一步，你的灵魂将受到测试，而你通过的每一次测试都将令你更强大。然而，我们不能太天真。有时候，不出卖自己的灵魂会得到一些结果；有时候，坚持信念，保持本性会得到一些结果；而有时候，这些结果是非常痛苦的。但是，只要你理解这些结果并接受这些结果，你不仅会变得更强大，还会得到更大的心灵的平和。

许多人问我失去工作后感觉怎样，事实是，我对迄今为止我的生活

是十分骄傲的。虽然我也犯过错,但我不后悔。这是我能想象的最糟糕的事情,我以一种最为公开的形式失去了我的工作,全球媒体为此兴师动众。但是,猜猜怎样?我还在这儿,心平气和,我的灵魂未受到损伤。我也可能会气馁,妥协,那样故事就会大不相同了。但是,我听从了铭刻于脑海的一段格言:“如果你获得了整个世界,却丢失了自己的灵魂,一切又有什么益处呢?”

当人们对你不能做什么妄下断语时,让他们看看你究竟能做什么;当他们对你不应该做什么指手画脚时,让他们看看你要怎么做。每一次你通过测试,你对自己了解得就更多;每一次反击了别人对你究竟是什么人的轻视,你的勇气和忍耐力就得到了测试;每一次你忍耐,并保持自己的本性,你就变得更强大,更完美。

我不认识你们中的任何人,然而作为一个商人和以前的CEO,我知道那些克服了众多困难的人比那些从未接受测试的人能获得更多;我也深知,这所学校为你们做好了充足的准备。毕竟,拥有北卡农业技术州立大学工程学位的美籍非裔毕业生比其他美国学校更多,从这里毕业的美籍非裔技术专家比其他学校多,从这里毕业后进入科学、数学和技术职业领域的美籍非裔妇女也比其他学校多。你们的座右铭非常好:北卡农技是真正的国家资源和地方财富。“农学院的骄傲”不仅是一个口号,也是一个十分难得的事实。

不要贱价出卖你的教育。这所学校对你们的信任,意味着你们不能轻易出卖你们自己。我从25年管理人的经验中学到,每个人所拥有的潜能都比他们意识到的大。按照你自己对未来发展的设想去生活,而非按别人设置的局限,是通往成功的途径。

从今天开始,你们是美国所拥有的最有前途的财富:你们是拥有学位的农学院毕业生。我的希望是,你们能够按照自己对未来的设想、对自己价值的把握、对自己灵魂的坚持来生活。按自己的想法而不是别人的设想确定自己的人生。然后,坚持下去,寻找你们自己内在的指南针。

我使用了“指南针”这个词，指南针的作用是什么呢？当寒风咆哮、暴雨倾盆、阴云密布而你又没有导航的工具时，指南针会告诉你们正北的位置。我以为，当你们处于孤独无援的境地时，必须依赖这个指南针。我是谁？我相信什么？我相信自己为着正确的目的，以尽可能最好的方式做着最好的事情吗？有时候，这就是你所有的一切。而通常，这些也就足够了。

大多数人凭外在的表现来判断你，只有你自己和上帝知道你的内心本性。但是，在你生命终结的时候，如果人们问你，你最大的成就是什么？我猜想，那应该是发生在你内心的某些体验，别人无法知晓，这些体验与外在的成功没有关系，却与你决定在这个世界里如何生活密切相关。

延伸阅读：

抓住事物的本质

——卡莉·菲奥莉娜在2001年6月17日美国斯坦福大学毕业典礼上的演讲稿

谢谢，大家早上好！

回应黑尼斯校长刚才的话，我想对今天相聚于此的父母、亲人和朋友表示欢迎，也想将父亲节的祝福送给在座的众位父亲以及长者。我自己的父亲今天早上也来了。爸爸，父亲节快乐！

虽然我们都很爱自己的父亲，不过，今天他们可不是主角。

今天我们相聚于此，庆贺坐在我们面前的这群年轻人所取得的成就，他们目光炯炯，哦，都让人有点儿头晕目眩了，他们穿着黑色长袍以及其他各式衣服。

研究生和本科生们，我深感荣幸，能够成为第一个恭祝你们完成斯

坦福四年学业的人。

我敢保证，你们的父母此时此刻感到无比骄傲，如果不是因为你们的“傻事”，那肯定是骄傲于你们取得的成就。今天他们实际上都在笑，有点如释重负的感觉，又感到无比亲切。

我看你们穿戴的学位服和学位帽，和我二十五年前在弗罗斯特剧场时穿戴的一模一样，当时我们通常都是在那个剧场举行毕业典礼。今天我穿的这件肯定要重一些，不过它勾起了我的许多往事。

最近几个星期我一直在想，在离开斯坦福二十五年以后，在这个主席台上我能分享些什么呢？

我所得到的最恳切的建议是几个星期前来自于前本科毕业班主席，来自德尔菲、布兰德和迈克以及罗伦。他们说：“要个人化。告诉我们你离开这个地方时是怎么样想的，告诉我们一切都会很好的。”

我将他们的要求铭记在心。引导我今天演讲的是对我21岁毕业离开斯坦福时那些感受的回忆，这些早年的探索和坎坷确定了之后二十五年我的经历。

几个星期前，有天下班后我开车在校园里绕，想点燃记忆。我上学的时候，生活和你们现在所体验的完全不一样，更不要说农场之外的世界了。

我经过了古老的房子“西塔塞”，在20世纪70年代，那是乐队的伙计聚会的地方，由于我有着男人的名字而成为荣誉成员。在那次成立仪式上，有大杯伏特加酒和超强的胃，不过我们没有加入。

当时在那里的父母也许还记得，在70年代中期，我们的男篮球队还不是冠军的料，大概在当时的8支球队里处于中不溜秋的位置。那时，女篮球队还没组建。

说到音乐，当时“力量之塔”阵容庞大，彼得·富拉姆敦刚“复活”，“塔克西”当时用他们的立体声系统把他们的专辑录制到磁带上去。

我在这儿的时候，“斯坦福印第安”更名为“斯坦福主教”。我在乐队的死党当时为争取把罗伯·巴伦斯作为吉祥物而开展活动,管理者不高兴了。

我在这儿的时候,巴蒂·赫斯特被绑架了,就在伯克利湾的那边。

虽然我在这儿的时候纷纷扰扰,但有些事情是相似的。我们挣扎于能源危机。事实上,在我毕业典礼上演讲的人说的是能源储备,"滞胀"扰乱了市场,毕业生的就业前景相当严峻。

虽然你们并没有真正面对"滞胀",自从你们进了斯坦福,你们对工作的期待毫无疑问降低了。

电脑行业已经为你们之前的毕业生提供了很多工作岗位。如果你主修中世纪历史,正踌躇彷徨,有兴趣参加你认为是最新的加利福尼亚"淘金潮";如果你获得的是一份网络公司的职位,具有副总头衔和具有职工优先认股权,这会让你父母大吃一惊。

不过,2001届的毕业生们,时代变了。

也许我提出下面的想法是个人偏见,如果春季学期使你对就业前景的看法和我当年一样的话,那么我可以说,在你们穿戴的学位服和学位帽(或者任何你头上戴的东西)下面,你们的忧虑之情和你们的兴奋之情是一样大的,甚至更大。

我曾经心怀忧虑之情。事实是,我走进斯坦福的那天就是如此,我走出的时候同样如此。

我害怕在经济时局动荡的年代离开这里的保护罩,走进未知的领域;我害怕在那些和自己以及其他人对我的期待不一致的事业上,浪费我在斯坦福所学到的令人难以置信的才能;我害怕无所事事,犯下无可挽回的错误。如果你们今天也感到害怕,那我问你们:你们将如何处理你的恐惧?你们是让它成为推进器还是抑制剂呢?

你们是唯一能够回答这个问题的人。不过我能够给你们提供的指导以及鼓励是一个故事,这是一个斯坦福毕业生在时常面对恐惧的情况下,跌跌撞撞去寻求自己位置的过程。

我想先从我在“历史角”的经历说起。

我在斯坦福所上的最有价值的课不是经济学，而是一个本科生的研究会“中世纪的基督教、伊斯兰教和犹太政治哲学”。

每个星期我们必须读完一本中世纪哲学的名著，阿奎那、培根、阿伯拉尔，这些书都是很厚重的，我们每周怎么也得读1000多页。周末的时候，我们必须把他们的哲学论述凝练成两页纸。

这个过程就像是开始是20页，接着是10页，5页，最后是两页，一张纸的正反两面。这可不只是总结，它从众多观念中舍弃冗余，将其浓缩成最本质的内容。下个星期，你又得重新开始这个过程，不过面对的又是另外的长篇大论。

这些哲学和思想肯定在我脑海中留下了印象。不过这凝练的过程也是一种练习，虽然艰苦，但真才实学就是由此产生的，这是需要掌握有惊人的机智和技巧的。这么些年以来，我不断地运用它，综合和凝练的思维活动直抵事物的核心。

我在这门课上所学到的思考过程也是生活的过程，因为每个人的生命都是一部伟大的作品，具有丰富的天赋和可能性。

当你们由此毕业的时候，带着上千页的个人文本，上面铭刻着这些年的教育，家庭中的相互作用，人际关系和生活体验所塑造的信念和价值。

埋藏在这几千页书中的是你个人的真理、你的本质。因此，你如何来凝练你的生活以得到其本质？你可以通过面对你的恐惧来开始这个过程。

现在，距离那课25年之后，我明白了，正是通过类似的个人凝练的过程，我对抗着我的恐惧并克服了它们。

每当我遇到恐惧的时候，每当我有惊奇之感的时候，我就距离确认我的本质、我的真心、我的真我又近了一步。

第一次顿悟的时候，我突然意识到我是够格的，它和克服对自己不足的恐惧有关。

记住，当你们还只十七八岁初进或作为急切的研究生进入斯坦福的时候，你们的情绪处于巅峰，你们对自己的能力相当自信，是不是？随后，当你们到达宿舍，或是参加系里第一次会议，或是和你们的同龄人谈过两三次之后，你们也许会觉得自己无足轻重，非常差劲。

如果你们像我一样，你们内心的对白会是这样的："天哪，招生办公室糟糕透了，他们肯定把我们误认为另外一个卡莉了。这些人都是其他圈子里的人，他们奇怪我们在这里干什么！我们怎么和他们说呢？"

我提醒你们，我的A型同类们：你们一生当中也许会多次感到自己的不足。黑尼斯校长提到过，我在AT&T干过好些年，当我出现在那里的时候，再一次的，每个人看起来都比我聪明。对工作，他们看起来比我更自信，更成竹在胸，准备更加充分。

不过，慢慢地，你们会赢上几局，你们用自己的工作证明了自己。你们失败了，你们挺过来了。你们学到了东西，也许你们甚至还当了领导，先前那种恐惧逐渐消退。看吧，你们已经从你们"自己"这本大书中去掉了几百页，你们已经开始了凝练的过程，你们开始确定你们的人生。

不过，当你们再次感到你在同辈之中具有一席之地的时候，新的恐惧又潜入了。早上醒来你们会想：等等，我们是过的自己的生活吗？还是别人的生活呢？我们的人生篇章是留在我们的故事中，让我们自己来书写的吗？

对你们中间那些道路明确的人来说，你们选择的道路完全符合其他人对你们的期望，我的直觉告诉我，你们可能是今天最为害怕的一群。

我为什么要这么说呢？因为我毕业的时候就是这样。那时我正要去法学院，腿直哆嗦。

我这么走，不是因为它是我终身的梦想，也不是因为我认为我可以改变世界，而是因为我认为别人期待我这么样。我想这样归结到我的家

庭，特别是我的父亲——斯坦福的一名法学教授，杜克大学法学院的主任，第九巡回联邦法官。不是因为他曾经这么说过，而是因为我觉得这是真的。

于是，秋天我就去了法学院，从一开始它就让我兴趣索然。开始的三个月我几乎都睡不着，每天都头晕目眩。我可以告诉你们，当我回家过周末的时候，在我父母的浴室里看到了一块瓷砖，它像闪电一样击中了我：我的生命是我自己的，我可以做我想做的。

对我来说，这是一次顿悟。那一刻，头痛完全消失了。我洗完了澡，走下楼梯，说道："我要退学！"口气很强硬。在做这个决定的时候，我从我的"人生大书"里清除了500页冗余。

法国作家加缪曾经说过："要快乐，我们必须不能太过在意他人。"不过，我们通常都是太过在乎。我说服自己，我父母的骄傲，我那善于分析的头脑，我的斯坦福人文学科学位足以平息我的恐惧，但是这些都不足以让我快乐。

是的，从法学院退学之后，我从未回顾，不过我也还不知道该往哪里看。重要的是，一切都在我的掌握之中，我必须要实现的唯一期待就是我自己的期待。

于是，我去找了份工作。是在马库斯·米里卡普公司，一家房地产投资经纪公司，在哈诺瓦大街，从惠普总部过了培基·米尔路就是，现在还在那里。

我有个头衔，不是副总，而是接待员。我接电话，打印，整理文档。可以理解，我父母很担心，这完全不是他们所期望的，也不是一个斯坦福毕业生所期待的。

我知道了如何对待一个组织内部最底层的人员，他们会起什么样的作用。我发现任何事情当中都有值得学习的地方，如果你决定去学习的话。

有一天，公司的一些经纪人不想再看到我顶着接待员的头衔了，或是其他与此相关的明显陈规,就问我是否愿意尝试点别的什么事。他们给我提供了一个机会,让我在一个新的层次上作贡献,那就是详细记载交易情况。由于那种姿态,由于有人相信我可以做更多事情,我得以从我的个人论述中又删除几页。

这样过了一年之后,我仍在寻找和摸索,感到不安,我感到自己需要伸展,我需要改变我的环境,拓展一下,于是我跑到意大利去教英语。让人惊讶的是,在那里我决定了接下来要做的事情是去读商学院。

说实话,我对商界完全陌生。我生长于学院环境中,我母亲是一名艺术家,我们在商界没有朋友,在这点上我正在破解一个更短的个人文本。我记得,在马库斯·米里卡普我发现了我喜欢商业,它的节奏,其中的人,实际解决问题的特点。

选择商学院是让人惊讶的,不过对我来说是绝对正确的。

你们要相信,无论你们在斯坦福的经历多么具有改造作用,它只是个开端。当你们进行艰苦的工作,将你们的生活凝练为其本质的过程中,你们总会发现,在你们身上有着完全让你们惊讶同时又是熟悉得让你们惊讶的东西。

离开商学院的时候,我更轻松了,我又扔掉了几百页。

维也纳精神病学家维克多·弗兰克曾经说过:"你可以从一个人那里拿走所有东西,除了一样,那就是人选择自己道路的自由。"对我来说,就在我意识到我可以违背他人的期望,这样也没什么问题之后,我产生了第三次的顿悟。

没有糟糕的选择,只要你从中学到东西。有些人只是停止做选择,如果有人停止做选择,他就是在容许他的过去比将来更好。不要害怕做出决定,不要害怕犯错,要勇敢,一直往前走。不要为你们的选择所羁绊,做出决定,然后选择下一步该做什么。

我是在1980年进入商界的,这么些年来一直工作在东海岸,我的生活节奏稳定有效。我遇到并嫁给了合适的对象,我的好老公弗兰克,他

今天也在这里。我们生了两个宝贝女儿，拥有一个热情而又充满活力的属于“菲奥莉娜式”的家庭。最终我在意大利的经历还是有所收获的，我们喜爱东海岸，打算在此度过余生。

不过，出乎意料地来了一个电话，建议也许我会想回到这个社区，来领导催生了硅谷的这个公司：惠普。

尼尔松·曼德拉曾经说过：“我们最深切的恐惧不是我们能力不够，我们最深的恐惧是我们具有无法衡量的力量。”这是我将与你们分享的最后一次体悟。我意识到，你们不仅能够掌控你们自己的生活，而且你们也有能力去影响其他人的生活。

我开车到帕洛奥托去和董事会的人进行最后一次面谈。看起来早到一点儿是比较合适的，我坐在车里，车就停在马库斯和米里卡普公司的停车场，街对面就是惠普公司。我在想，生活是如何以某些预料不到而又真实的方式绕圈的。

在进行大家通常所说的决定一生的那次面试之前，我在停车场坐着，我在思考，如果我接任了惠普总裁的位置，前面会有怎样的战斗。我知道，领导这家有着悠久历史却又正在寻找其未来的公司，我会面对巨大的挑战，对此我没有丝毫幻想。我知道，选择我来坐这个位置是出乎意料之外的。我知道，接任这个工作会引来相当多的挑剔和批评。对比所值得做的事情，我对所有这些都进行了权衡。

我坐在车里，接受一个伟大遗产时的那种巨大的责任感让我有点自惭形秽。不过我并不害怕，我已经见过我母亲面对死亡时的勇敢，从那次的经历我知道了要勇敢真正意味着什么。我把恐惧抛到了九霄云外。

我第一次作为惠普的新总裁走进惠普的时候，我感到完全令人惊讶，同时又觉得熟悉得令人惊讶。

惠普是一个巨大的产业，它值得保存，它值得重获新生，它是具有独特价值和个性的公司，和这个社区，和斯坦福，和帕洛奥托，和硅谷，都具有特殊的联系。不仅如此，它是能够制造技术的公司，能够将其好处带给所有人。

我的任务就是使惠普在新的时代发挥重要作用。

今天我对你们的祝愿是,25年后你们重聚的时候，这个时间会比你们想象的来得更快。你们将已经在世界上找到一席之地，在这个世界中,你们的价值、你们的个性都轻松自在。你们的行动和你们的心灵都完全统一在一起了。

要让你们的恐惧激发你们而不是抑制你们,要对自己提出如下尖锐的问题:

·我是在完成一个任务,还是在经历事实?

·我还在做出选择吗? 或者我已经不再做出选择?

·我现在所处的位置是否占据我的头脑,抓住我的心灵?

·我沉迷于过去还是在确定我的将来?

·在我的两页纸上,我将给这个星球留下什么?

在你们离开之前,后退一步,思考一下目前为止你们那巨大的“人生之书”,确认其重量和复杂性。在你们离开之前,反思一下你们所得到的支持,今天到场的为你们所做出的牺牲,这样你们回斯坦福就会拥有难忘的经历。今天是你们用你们的快乐和恐惧来向他们致敬的日子,他们帮助你们拥有了这份体验,这是你们永远不会忘记的,你们将从中有所吸取。

在你们离开之前,确认你们在斯坦福这个大集体中所拥有的令人难以置信的丰富资源。斯坦福也是一个巨大的产业，无论你们会走出多远,你们可以依赖这个持久的、丰富的、多样的网络,这是你们所构建的观念、知识和友谊的网络。

记得要鼓励他人,互相提醒:如果你们让你们的恐惧来激发你们开始严峻但是让人无限满足的、终身的凝练过程,那么生活就会变得越来越好。这个过程就是书写你们自己的故事,它只有两面,没有空行。

当你们进行编辑、决定取舍的时候,你们会承认那些对你们的本质

而言是正确的决定。你们会知道什么是值得做的,你们将会去做。这将会是令人惊讶的,同时也是熟悉得令人惊讶的。

我祝你们好运,不过我更要祝你们保持勇气,坚忍不拔,得到你们所爱之人的支持。

我衷心地祝愿你们,还有你们的父母、家人和朋友。

谢谢你们,祝你们活得精彩!

艾琳·罗森菲尔德：统治全球甜味的“糖果女王”

艾琳·罗森菲尔德这个名字，可能并不是所有人都知道，但说到卡夫食品和它旗下的奥利奥、麦斯威尔等品牌时，估计全球绝大多数人耳熟能详。这些休闲品品牌几乎在每一个超市都能找到，尽管包装不一，但却有一个共同的标志：卡夫。艾琳·罗森菲尔德便是卡夫的掌门人。

☆人物概述

2010年1月19日，卡夫食品以195亿美元将英国吉百利公司并入门下，震惊了整个糖果业。但仅仅1个月之后，英国收购和合并委员会就开始针对卡夫食品在竞购吉百利的过程中是否误导了员工及

投资者等问题展开调查。这一切都把卡夫食品的CEO艾琳·罗森菲尔德推到了舆论的浪尖，但这位一贯以铁腕著称的新“糖果女王”依然挺直腰板，大胆放言卡夫将成为“糖果、饼干和创新机会的世界领跑者”。

虽然卡夫食品公司已经107岁了，但在吉百利面前仍然相当于一个楞头小伙儿，后者创立于1824年，迄今已有186年的历史。早在去年9月，卡夫这个全球第二大食品企业就报价170亿美元，向吉百利这个全球第二大的糖果商“求爱”，被吉百利方面直接斥为“敌意收购”。经过一番“口水战”，吉百利最终还是禁不住195亿美元的诱惑，倒进了卡夫的怀抱。坊间认为，这场收购的关键人物就是卡夫的CEO艾琳·罗森菲尔德，正是在她的铁腕下，卡夫才冲破了吉百利的不屑，乃至股东巴菲特的异议，成功上演收购大戏。

2010年10月，《福布斯》杂志公布了一年一度的全球女性权力排行榜。在这个不限三教九流地位高低，只拼实力和声势的榜单中，艾琳·罗森菲尔德大放光彩，超越了Lady Gaga、默克尔、希拉里和奥普拉，仅以一名之差屈居米歇尔·奥巴马后头。

英国《金融时报》2011年度全球商界女性50强的第一名，《福布斯》2010年“全球最有影响力女性”第2名，比上年度前进了4名，2009年收入2630万美元，是美国收入第2高的女性……

一连串的殊荣归结在一个买糖果的女人身上——美国卡夫食品公司首席执行官艾琳·罗森菲尔德，这个第一份工作是个模特、梦想当美国总统、曾经在卡夫离职去百事的“叛徒”，而现在，她是地地道道统治者全球人类甜味感觉的糖果女王。

糖果版《基督山恩仇录》

作为全球糖果巨头卡夫的当家人，罗森菲尔德的“仕途”并非一帆风顺。

尽管女性往往比男性更关注食物，但是食品行业却几乎是个“男人的世界”。1980年，罗森菲尔德决定进入食品行业时，身边的朋友对此都很惊讶。

与卡夫的不解之缘

罗森菲尔德1953年5月出生于纽约布鲁克林地区，在上中学时，她就不止一次地向同学和老师表示，自己长大后要成为美国的第一位女总统。1971年，罗森菲尔德进入美国康奈尔大学约翰逊学院，在获得哲学学士学位后，她又先后获得了康奈尔大学工商管理专业硕士学位和营销统计学博士学位。现在，罗森菲尔德是康奈尔大学约翰逊学院的“名人堂”成员之一。

在大学时代，罗森菲尔德就表现得与其他同学不同，她似乎在任何方面都要做到最佳：在学习成绩方面，她始终是教授们最喜爱的学生之一；在校园活动方面，她曾担任过约翰逊学院的学生会主席；在体育活动方面，她曾是康奈尔大学女子篮球队的“得分王”，并在滑旱冰项目上显示出过人的天赋。

1980年，完成学业的罗森菲尔德先是加盟了纽约一家广告公司，而且不是做行政或创意，而是花瓶一样的模特。这是她走出校园的第一份工作。这个毕业于康奈尔大学，拥有心理学学士、商学硕士、营销及统计学博士三个学位的女人，在她的第一份工作的选择上，就以“风马牛不相及”的作风让朋友大跌了一次眼镜。一年后，她来到通用食品公司

(General Foods)担任市场调查员。1985年,美国烟草公司菲利普·莫里斯(Philip Morris)收购了通用食品公司。1988年,该烟草公司又收购了成立于1903年的通心面和奶酪生产商卡夫公司,并于两年后将通用食品公司与卡夫合并为卡夫通用食品公司。1995年,卡夫通用食品公司更名为卡夫公司。

在此期间,罗森菲尔德一直在通用食品公司以及卡夫公司担任不同的职位,亲历了卡夫的成长与发展,并在此过程中作出了突出贡献。

1991年,罗森菲尔德被任命为卡夫通用食品公司饮料部门执行副总裁和总经理。

3年后,她又被调至点心和零食部门担任总经理。

1996年,罗森菲尔德被调往加拿大,担任卡夫加拿大分公司总裁,在这里,罗森菲尔德将卡夫在加拿大的业务进行了重组,确立了以包装食品为核心的新的业务模式。在她的带领下,卡夫加拿大分公司用了4年时间发展成加拿大最大的包装食品生产商,并成为卡夫公司重要的利润来源地之一。

2000年,罗森菲尔德任卡夫食品部门副总裁和卡夫运营、技术和采购部门总裁。就在这一年,卡夫母公司菲利普·莫里斯委任罗森菲尔德主导收购美国曲奇饼干生产商纳贝斯克公司。经过几个月紧张的报价、竞标等环节,卡夫击败了联合利华、莎莉集团等竞争对手,以189亿美元的价格成功收购了纳贝斯克的大多数股份和商标的所有权。

这样一来,成功地将奥利奥和趣多多等著名饼干品牌引入旗下的卡夫成为世界上最大的饼干公司,占据了13%的世界市场份额和47%的美国市场份额;其次,卡夫将自己旗下的顶级品牌数从55个增加到73个,为消费者提供了更多的选择,也为自己赢得了更多的利润空间;再次,卡夫在拉丁美洲的规模几乎扩大了一倍,在亚洲和欧洲的实力也有了很大增强;最后,卡夫也凭借这次收购成功地提高了自己在零食领域的实力。

总之，这是一笔可以写进教科书的收购案。时任菲利普·莫里斯CEO的杰弗里·拜伯对这次收购的顺利完成感到欣喜，他称这次收购是美国食品领域最重要的收购之一，并称赞罗森菲尔德为“食品领域的超级女强人”。

2001年2月，罗森菲尔德又在原来职务的基础上开始掌管卡夫在墨西哥和波多黎各的业务。尽管身兼数职，但罗森菲尔德却显得游刃有余，她将自己在加拿大成功的那套方法又搬到了墨西哥，同样也取得了不俗的成绩。她还帮助卡夫在2001年完成了上市工作，并成为卡夫公司董事会成员。

在卡夫于纽约证券交易所上市的那一天，罗森菲尔德作为代表之一发言时说：“我很高兴能够为卡夫贡献出自己的力量，我十分喜爱这家公司……”

这番话绝对不是客套，熟悉罗森菲尔德的人都知道，她从小就十分爱吃卡夫的通心面和奶酪，上了大学后，她又开始喜欢喝麦斯威尔咖啡，再加上奥利奥饼干，卡夫的产品几乎陪伴着罗森菲尔德的童年和大学生活，这也许就是为什么她会在离开广告公司后加盟通用食品公司的原因。

罗森菲尔德对卡夫的热爱不仅仅体现在工作中，她与丈夫正是在卡夫工作时认识的，她的两个女儿也对卡夫的食品情有独钟。而每次和家人去超市时，罗森菲尔德总会关注超市货架上卡夫产品的摆放位置，如果她觉得不满意的话，她会要求超市工作人员重新摆放产品，有时她甚至自己亲自动手来做这些事，也因此和超市的工作人员产生过争执，弄得“丈夫和女儿都不愿意和她一起去超市”。

尽管罗森菲尔德在卡夫工作了20多年并为卡夫立下了汗马功劳，但当2003年12月卡夫公司管理层换届时，时任卡夫国际部门总裁的罗杰·德罗梅迪脱颖而出，成为新的CEO，而之前呼声最高的罗森菲尔德却意外落选。

2004年9月，罗森菲尔德接受了来自百事公司的邀请，担任百事旗下分公司菲多利(Frito-Lay)的董事长兼CEO。

没有资料表明，罗森菲尔德是因为没能当上卡夫CEO而选择离职，但无论如何，离开了工作了22年的卡夫转而投靠其竞争对手，多多少少显示出罗森菲尔德的不服气和要做出一番事业证明自己的决心。

幸运的是，罗森菲尔德又一次成功了。

遭遇“滑铁卢”的罗森菲尔德选择出走，而她的新东家百事立即让她成为快餐分公司菲多利北美的总负责人，在那里，这个“失败者”指挥着百事的乐事薯片。但北美薯片市场已经趋于饱和，“薯片=垃圾食品”的呼声，薯片原材料土豆、玉米的价格开始增长，百事整体又在亏损，“失败者”可能会遭遇到更大的失败。

罗森菲尔德却在百事证明了自己，到巴西购买更低价的原料，主打健康休闲食品，用黄瓜口味的乐事薯片等新品种挑战消费者的味蕾，开发亚洲特别是在印度、中国以及西亚地区的市场份额。

2005年，菲多利的年收入达到103亿美元，同比增长了8%。罗森菲尔德成为百事成功削减亏损额的首席功臣。“我只是从不多想‘这是我不能做的事’，我一直努力并深信一定会有结果。”罗森菲尔德说。

因为这些成就，罗森菲尔德在《财富》杂志列出的“2005年全球50个最有影响力的商界女性”中名列第27位，较2004年上升了4位。

正当罗森菲尔德在菲多利做得风生水起的时候，她的老东家卡夫却陷入了不小的麻烦中。自2001年起，美国社会就兴起了一种健康饮食热，人们越来越重视食品能否带来健康，这个潮流很快就传遍全世界，然而卡夫却没能跟上这样的潮流。2003年就任CEO的罗杰·德罗梅迪为人严谨、思维缜密，但对新鲜事物缺乏全面的认识。在上任后，他先后采取了裁员和关闭工厂等措施来减轻公司成本，但很显然，成本并不是卡夫问题本身的关键所在，缺乏创新才是主因。2004年，卡夫的营业收入同比下降21.3%，净收益同比下降23.3%。2005年，卡夫的营业收入同比上涨3%,净收益下降1%。而卡夫的市场份额开始下跌,其饼干制品原本在美国拥有超过45%的市场占有率，但在达能等外来品牌的冲击下,2005年,卡夫饼干的美国市场份额罕见地跌到40%以下。而卡夫引以为傲的奶酪制品却因为缺乏创新而停滞不前,在过去的几十年中,卡夫仅仅推出了一款奶酪制品,显然已跟不上产业的发展步伐。百年卡夫似乎陷入了自我满足、自我陶醉的可怕深渊而不能自拔。

菲利普·莫里斯公司的高层很显然发现了问题的所在。2006年6月,德罗梅迪辞去CEO一职,罗森菲尔德随即就被任命为新的CEO。在上任后不久回康奈尔大学演讲时，罗森菲尔德很不客气地指出了前任的失误:“卡夫在这几年失去了灵魂。公司在削减成本、重组和裁员方面投入了过多的精力,弄得自己精疲力竭,浑身是伤。”

临危受命,重返卡夫

罗森菲尔德接手时的卡夫正值公司盈利持续下滑,面对众多对手的激烈竞争,市场份额减少,投资者信心丧失,股价下跌的艰难局面。

成立于1903年的卡夫食品公司,是绝对的一家百年老店,拥有的品牌有些甚至是美国内战时期就创建的“过气”品牌,诚然,这些品牌为卡夫赢得消费者的青睐和迅速占领食品市场立下了汗马功劳。但是随着食品技术的不断进步,人们消费观念的不断提高,传统的以奶制品及奶酪为主的卡夫食品渐渐被人所抛弃,而越来越多的有机食品,宣传健康概念的食品，尤其是半成品式食品的冲击，使得卡夫的产品也面临着“好酒也怕巷子深”的尴尬局面。正如美国波特兰大学食品工业研究教授托马斯·格里帕特里科所指的“店铺中心”现象:人们不再是花费时间去精挑细选食品,而是直奔主题,买下最显眼的地方摆放的食品然后走

人。缺乏创新成了卡夫的不能承受之重。

2007年4月上任伊始，罗森菲尔德并没有如大多人所预料的那样，大刀阔斧地开始施政，而是开始了她所谓的“开放式创新思维”战略，在公司内部深入与员工进行交流共通，采纳创新建议，更有甚者，前往普通消费者家中进行调研，拥有康奈尔大学市场学和统计学双学位的罗森菲尔德坚持只有亲自去做的调查和亲眼所见的才是最好的市场考察手段。

依赖自己二十多年的从业经验及领导能力，罗森菲尔德很快就制定并实施了复兴卡夫的战略步骤：

一、改组公司以适应长远可持续的发展

在罗森菲尔德的领导下，卡夫改组了公司的领导管理层，120位高管人员中近一半为新人，而新晋的人员大多来自外部，为公司的长远发展提供新的理念和人才储备优势；制定了新的效益奖励机制，奖励直接与各个部门的效益挂钩；建立了价值创造长远机制，形成一种公司盈利增长、员工收益增加、股东收益增加的良性循环机制。

二、加大对新产品的投入，提高产品质量，加大市场推广力度

2007年度，卡夫投入3亿～4亿美元用于新产品的开发、产品质量的提高及市场运作；创新食品理念，推出适应市场要求的产品（健康、低脂、低糖、多纤维、多维生素的食品），改变卡夫在消费者心目中的形象，走贴近消费者的路线。卡夫先后推出了十几种新的产品，其中以奥利奥巧克力夹心蛋糕最受欢迎，前者是奥利奥系列产品的一次全新扩张，这种不失传统奥利奥饼干口味的巧克力牛奶混合香味的蛋糕带给消费者一种全新的柔软口感，同时还有草莓夹心和花生酱夹心两种口味可选。而后者可以说是罗森菲尔德最中意的产品，添加了益生菌的新型奶酪不仅保质期更长，卡路里含量较低，也有助于消化，更重要的是它象征着已经没落了很多年的卡夫奶酪又重新崛起了。

除了加大自身新产品研发力度外，罗森菲尔德也在积极寻找合适的

收购目标。2007年8月，卡夫以72亿美元的价格买下达能公司的饼干部门，吞掉了自己在这一领域最大的竞争对手后，卡夫的“世界第一饼干生产商”的地位更加无法撼动。随后，卡夫又以17亿美元出售了自己的谷类食品部门，进一步优化自己的产品种类。

三、在不降低产品质量的前提下，尽可能降低成本。通过完善食品仓储、运输及配送等环节，建立高效低耗机制以提高公司的营运效率。

四、强化公司的销售能力，深挖公司产品的市场潜力

为了尽可能快地实现公司收益，卡夫针对不同的区域，制定了相应的市场策略。在北美市场，卡夫加强了自己占市场优势的五大产品：奶酪、饼干、比萨、黄油和咖啡的销售；而在欧洲区，卡夫则是稳步建立自己的咖啡及巧克力饮用品品牌，在主要关键市场通过常规渠道来建立并巩固自己的品牌基础，为以后的市场份额扩大做好市场储备。

2007年，卡夫的营业收入和净利润较2006年都有所下降，所幸的是下降的幅度并不是很大。

2008年，公司营业额上涨15%，卡夫的股票被选为道琼斯30种工业指数的成分公司。卡夫这家为无数人带来可口食品和香甜回忆的百年老店，在艾琳·罗森菲尔德的带领下，终于又一次“老树开花”，迎来来自己的又一个“春天”。

罗森菲尔德的举措得到了外界的肯定。投资顾问公司经理托马斯·鲁索表示：“艾琳的计划完美无缺，相信这对卡夫的振兴有着至关重要的作用。”鲁索曾在2001年帮助卡夫上市，也在此过程中认识了罗森菲尔德，他当时就认为罗森菲尔德是美国食品企业管理精英中的“一颗新星”，也曾在2004年罗森菲尔德离开卡夫时直言卡夫失去了未来10年的最佳领导人。

糖果版的《基督山恩仇录》和原著最大的区别在于罗森菲尔德选择了回归，并选择帮老东家渡过难关作为自己“复仇”的唯一内容。

收购吉百利，对抗“巴菲特神话”

对全球投资者来说，巴菲特无疑是一个神一般的存在。他的一顿午餐就可以创造惊人利润，而罗森菲尔德却不乐意给巴菲特的午餐上糖果。

回归卡夫伊始，罗森菲尔德就奔波于卡夫在世界各地的分公司，与员工们交流，倾听他们对重振卡夫的意见；她要求员工们不要将卡夫当成一个食品巨头，而把它当成一个刚刚起步的新兴企业；她还在互联网上开通了名为“为艾琳出主意”的网站，鼓励员工们献言献策。

正当罗森菲尔德要大刀阔斧地进行重振计划时，卡夫公司却发生了一次重大变化：2007年1月，菲利普·莫里斯公司宣布将卡夫从其资产中剥离，卡夫则成为一家独立的公众集资公司。在分拆计划于2007年3月完成后，罗森菲尔德又被任命为卡夫董事长。

失去母公司对很多企业来说或许意味着死亡，而对罗森菲尔德领导下的卡夫来说，却意味着独立。罗森菲尔德在新卡夫上市开盘第一天对新增的80多万卡夫股东说：“作为一家独立的公司，我们将拥有更多的机会发挥出我们旗下那些伟大的品牌的所有潜力。”

独立的利好很快显示，没有过多制肘的她，得以在经济衰退期间斥巨资做广告，以便让通心面、奶酪的销售额保持流动，最后使得2008年公司营业额上涨15%，卡夫活了。

更大的战役随即展开，罗森菲尔德把目标锁定在收购上，对象是老对手吉百利，这个在食品业比卡夫更知名更悠久的英国百年老店。吉百利创始人约翰·吉百利第四代后人费莉西蒂·劳登直言不讳：“对我们来说，将公司卖给一家根本无法和我们相提并论的企业，简直太可怕。他们(卡夫公司)无法理解我们的历史和特质。在我看来，他们只是一家塑

料奶酪公司,而我们是王冠上的'宝石'。"

问题是高增长的吉百利已难逃被收购宿命。吉百利聚焦核心糖果业务的战略非常正确,2008年剥离了低利润的"史威士软饮料"这颗让收购者三思的毒丸之后,吉百利就更成了"净是骨头没有赘肉"的"完美对象",充满了诱惑力。

口香糖是第一根可爱的"骨头"。过去6年该市场年复合增长率高达7.4%,而2008年吉百利口香糖在全球高居第二位(28.9%的市场占有率仅次于玛氏的35.5%),在拉丁美洲和亚洲市场地位不俗,在拉美无糖口香糖市场,它甚至占据了81%的市场份额。

巧克力是第二根可爱的 "骨头"。吉百利是全球第五大巧克力生产商,而糖果市场有55%的收入来自巧克力;几乎垄断全球可可豆原料加工的3家厂商,吉百利是其一,另两家为玛氏与瑞士百乐嘉利宝(好时的主要供应商)。得到吉百利,等于在巧克力战争中占据上游有利地位。

罗森菲尔德最喜欢吃卡夫的奶酪通心粉,不过她平时亦嚼很多吉百利口香糖,爱极其复活蛋,而在谈判中消灭些牛奶巧克力亦有助提神。

当她端详吉百利与卡夫时,她看到的是双方极好互补的市场拼图。

欧洲市场方面,吉百利口香糖根基稳固,在英国及爱尔兰市场其巧克力亦占主导地位,但在中欧,其发展颇弱,卡夫则在中欧发展较好。

新兴市场方面,吉百利市场占有率高居玛氏、雀巢之前,位于10%~12%的区间,而卡夫则徘徊在4%~6%的区间。吉百利在印度、墨西哥、南非等国发展迅猛,而卡夫在中国、俄罗斯、巴西更强。互补之余,吉百利无异于卡夫在新兴市场的强心剂。

美国市场方面, 玛氏的箭牌和好时分别主导口香糖和巧克力市场。收购吉百利后, 卡夫正可与老本营同在芝加哥的箭牌打一场口香糖大战,箭牌北美市场占有率高达50.1%,吉百利为29.3%,得到卡夫渠道助力后正可大展攻势; 吉百利在北美的巧克力销售以前通过授权好时开展,与卡夫合并后,收回授权,获利亦更厚。

更重要的是，近年来卡夫旗下的咖啡、热狗、芝士均受超市自有品牌冲击，增长前景并不乐观，但“沃尔玛”牌口香糖和巧克力则从没听说过，收购吉百利能让卡夫更好地置身于自有品牌不能涉足的高地。

罗森菲尔德看上了吉百利的口香糖和巧克力，其实她本身也一直挚爱吉百利巧克力棒。2009年9月，卡夫正式启动了收购。一旦收购成功，卡夫将成为“全球零食和糖果巨擘”，拿下全球近15%的市场份额。

2010年1月16日，罗森菲尔德在夜色中乘坐喷气式飞机前往伦敦。她要去见吉百利董事长罗杰·卡尔，一个以强硬著称的谈判对手。

一场心理较量在等待着她。

34年前拿到心理学学位的罗森菲尔德，在34年后的收购战中，面临的是比象牙塔中难度高出N倍的真正心理考验。

曾有人问她，“作为一位领导者，你认为自己在什么方面应有所提升？”

她回答说：“耐心，对我而言是最具挑战性的美德。我有紧迫感，但有时事情的进展并不是想快就能快，我总是要很辛苦才能接受这一现实。”

或许吉百利一役，她能为自己的耐心给个不错的分数。这场考试历时5个月，但她始终锲而不舍，全力以赴，无畏对手，不达目的绝不善罢甘休。

1月18日上午，伦敦一家酒店，罗森菲尔德会见了卡尔。这是一次具有决定意义的会谈，亦是两人的第二次见面。

时间在一秒一秒地流逝，每一秒都是对两人紧绷的神经的考验，对抗、博弈、权衡……

过去几个月来，罗森菲尔德是如此沉得住气，咬得紧牙关。她与卡尔第一次见面在8月，当时罗森菲尔德的非正式出价是：300便士，再加上“0.2589股卡夫股票，换取1股吉百利股票”，即对吉百利的估值约为755便士每股。该出价遭卡尔尖刻地驳回，他用“应被嘲笑”一词，让罗森菲尔德吃了“闭门羹”。

但这个女人铁了心。让步？一英寸也不行。就这样了，雷打不动。再多给点甜头？不！

之后卡夫股价一路跌，下滑幅度最大时约达到10%，到今年1月才开始回升；而吉百利股价9月初直线上升，升幅高达30%~40%。股价一跌一升，这意味着，卡夫出价除了现金部分不变之外，总价其实是一个不断走低的变量。若不改变原有价格方案，罗森菲尔德如何能赢？

与卡尔第二次见面时的罗森菲尔德，不打无准备的仗。此前四五天她已提前飞往英国和吉百利的对冲基金股东见面。在这两天中，罗森菲尔德更多是聆听，而非游说。值得注意的是，在罗森菲尔德与卡尔会面前的一周，对冲基金开始积极买入吉百利股票。当吉百利1/3股票的持有者是对冲基金时，她手上的谈判筹码又增加了分量。关注短期利益，“唯利是图”的对冲基金，当然比富有民族主义情怀的英国股东更易说动。

卡尔事后声称，正是对冲基金持股比例的快速上升导致事件出现突然的转折。罗森菲尔德的侧翼进攻显然动摇了卡尔的谈判后台。实际上吉百利头20位最大的股东均为美国公司。当股东构成出现如此大程度的“去英国化”之后，无论英国人对“糖果明珠”落入卡夫之手多么抗拒，要击退卡夫已几乎是一个“不可能的任务”。

比萨饼带来转折点。

但是卡夫大股东巴菲特的高调批评让罗森菲尔德的后台也起了火。巴菲特说：“这是一宗坏买卖。若我有机会投票，我一定投反对票。”他指责卡夫发行3.7亿股新股是开“空白支票”。

事件的转折点出现在1月5日。

这一天，卡夫同意将现金支付提高至360便士每股，但总价不变。罗森菲尔德终于稍为松动了牙关。

如果你认为这是罗森菲尔德示弱的表现，那就错了。这看似让步，但真正目的是绕过巴菲特。按照纽交所规定，若发行新股比例超过相当于

现有股票20%的门槛，则股东有权提出否决。罗森菲尔德提高现金支付，成功地将发行新股比例拉低至18%，巴菲特则只能站在纽交所门外徒叹奈何。也是在这一天，罗森菲尔德用比萨饼打发了另一对手——37亿美元“廉价”出售冷冻比萨业务于雀巢。

如果你认为这是“比萨饼打雀”，有去无回的赔本买卖，你又错了。雀巢“吃”完比萨饼后，就声称不竞购吉百利，让卡夫减少了一个心腹大患，也马上让人意识到它可能另有所图的是好时。只要它走近好时，好时与费列罗就不可能走得太近。好时与费列罗可能联手竞购吉百利的风声已传至罗森菲尔德耳中，她必须破坏这种可能。雀巢可以扮演破坏者的角色。

雀巢并不想看到好时、费列罗、吉百利变成一家亲，以前它曾有意与好时联手收购吉百利，再各得所好分拆其口香糖和巧克力业务。因此它乐得接受比萨饼“贿赂”，在可能出现竞购的紧要关口及时介入。

只要好时与费列罗不联手，单打独斗它们均无充足财力抢宝。罗森菲尔德舍弃比萨饼，目的在于将竞购对手单个击破。1月12日费列罗宣布退出竞购，剩下好时“苟延”独力竞购吉百利的“残喘”。

绕开巴菲特，打发雀巢、好时与费列罗，均是罗森菲尔德与吉百利股东面谈的铺垫。卡尔手头再亦打不出“白衣骑士”之牌，罗森菲尔德成功地赶走了想来夺食的“纸老虎”。

1月18日，面对卡尔的罗森菲尔德，实际上已成竹在胸。

谈判桌上硝烟在弥漫，双方僵持不下，最后只好决定换个地点，到吉百利位于伯克利广场的老总部去商谈。罗森菲尔德不动声色，直到午夜。卡尔亦很清楚，奋战数月的罗森菲尔德已如箭在弦上，不得不发。离最后时间1月19日午夜还有24个小时，若双方在此前无法达成一致，英国收购委员会将中止这场交易，卡夫在未来6个月内不得再对吉百利提出任何收购。

罗森菲尔德可承受数月来的巨压，却输不起半年的望“吉”兴叹。最后，双方拍板：840便士每股，其中500便士为现金再加上0.1874股卡夫新股，且吉百利的股东可额外获得每股10便士的红利。

现金支付比例的进一步提升，去除了英国机构投资商的心理障碍(依法律他们不得持有美国上市的卡夫股票，就算换得卡夫股票亦须出售)。对抗结束，等待2月2日股东投票表决的最后日子吧。

妥协难免，但她毕竟还是赢了。当胜利者提出要与卡尔合影时，“并购老将”卡尔却实在意兴阑珊，他不想与她合影。其实没人认为他输给了她，因为他已尽力。

至此，卡夫“联姻”吉百利之事几成定局。

2月2日18:30时，罗森菲尔德赢了——71.73%的吉百利股东投票支持卡夫收购。

她早就胜券在握，现在只要50%以上的股东投赞成票就大功告成，而美国公司已掌握了50%的吉百利股票，而急于套利的对冲基金则控制了30%的股票。

那天罗森菲尔德嚼着吉百利巧克力棒，在接受电话采访时说：“下周我打算好好睡一觉，当作简单的庆祝。”

大刀阔斧的合并进行曲

回到芝加哥Northfield卡夫总部，罗森菲尔德与卡夫员工会面，吉百利员工可通过网络参与会议。当卡夫员工为她的凯旋起立鼓掌时，吉百利员工却情绪复杂：她会否变成吉百利的终结者？她将带领我们走向何方？……

她要化解敌意。“吉百利是一个偶像品牌，代表着知名度、爱和忠诚，我们要让吉百利继续，它本身就是这次收购中极其重要的资产。”“吉百利的战斗精神应该是与卡夫并肩作战，而不是与卡夫作战。”“我们要聚焦发展小吃和糖果业务。”新卡夫的自我定位，不是与雀巢针锋相对争做食品巨头No.1，而是与玛氏争糖果业的头把交椅。她明智地将吉百利英国员工的敌意转向玛氏，唤起2008年吉百利被玛氏夺走“糖果王冠的往事”,激发斗志。

她要建立信任。她将心比心,回忆起1985年菲利普·莫里斯对通用食品的收购,“我永远忘不了眼看着自动售货机里的苹果一夜间变成香烟的心情。”但她及时指出,卡夫并非从未经历过大型收购和整合。

她要重组“内阁”。获胜后才不过几个小时,罗森菲尔德就雷厉风行地举起“斧头”,卡尔、斯蒂策及吉百利CFO邦菲尔德将离开,45天内她要重新选拔各高层执行官和地区负责人。她决定外聘人力资源公司解决这个难题。“人性的弱点是,我们会选自己最熟最近的人,而不会选最好最合适的人。”

你可能会质疑罗森菲尔德,她不是声称最爱读的书是《对手的团队——林肯的政治天才》吗?林肯让竞选对手变成自己的内阁成员,而她却几乎是“迫不及待”地要斯蒂策三人“下岗”,还有多少吉百利“紫心人”会挂冠而去呢?

但就算罗森菲尔德是个政治天才,有林肯般的胸怀,她亦忘不了当年卡夫的联合CEO机制是如何触礁的。她这样诠释自己对《对手的团队》的理解:我不认为这本书讲述的是如何让你的敌人变成你的团队成员,而是如何让持不同视角的人组成你的团队。

结果是显而易见的,卡夫当年第二季度的营业收入增长25.3%,增至123亿美元,这基本上得益于吉百利公司在欧洲和发展中市场的业务。

巴菲特输了。

二次分拆,终于赢得巴菲特赞赏

2011年卡夫全球销售收入增速为6.6%,中国市场增幅则超过30%。核心业务饼干产品的增长高达40%,远超全球9%的平均增速。和摩托罗拉、莎莉一样，卡夫食品公司成为近年来又一家分拆剥离资产的美国公司。2011年8月，罗森菲尔德就曾宣布将旗下北美食品百货业务从全球零售食品业务中分拆出去——这距离其以190亿美元收购英国巧克力制造商吉百利，还不到一年半的时间。

罗森菲尔德认为，分拆后的全球零食业务面临着巨大的增长机遇，而北美食品杂货业务依靠已有的品牌、利润率及现金流生成能力，也将稳健发展。言下之意，分拆是为了北美杂货业务不拖累新兴市场零食业务。

卡夫计划剥离出去的北美食品百货业务2010年的营业收入大约160亿美元，旗下拥有卡夫通心粉与奶酪、菲力奶油乳酪等品牌。相比之下，另一块由奥利奥饼干、吉百利和Trident口香糖组成的全球零食业务增长更快，去年营业收入达320亿美元，且40%以上的收入来自于新兴市场。

不难发现，这两种业务具有不同的特点，食品百货业务拥有高利润，而零食业务拥有高成长性。将两种业务糅合在一起，并不能明显提升公司的增长速度，反而给投资者留下规模太大、增长较慢、业务不清晰的印象。根据瑞信的估计，卡夫零食集团年增长率可以达到7%，而北美食品百货业务的增长率仅为2%。用瑞信一位分析师的话说，“我们听到的有关这家公司最大的抱怨是，它规模太大、增长太慢。而这一举措刚好解决了这个问题”。

罗森菲尔德敏锐地意识到了这一点。在她看来，经过多年的兼并重组，公司已经成功打造出一个全球零食平台和一个北美食品杂货业务，但目前两者的战略优先目标、增长方式和经营重点已经出现差别。公司董事会和管理层一直在考虑如何更好地挖掘它们的增长潜力，最后认为将这两大业务分拆，使其独立运营，要好于目前的状态。

进一步说，分拆不仅能使卡夫将更多现金流专注于核心业务，规避规模太大而带来的增长过慢问题，还能使公司以更专业灵活的身姿，追逐更高的市盈率。

据花旗的估计，目前股价为36美元左右的卡夫在分拆后可释放公司价值，合42美元。其中，全球零食业务价值每股30美元，北美食品杂货业务每股12美元。“产品组合集中的公司业绩最优秀，市盈率一般高于同行”。2011年以来，分拆在全球并购活动中的份额上升至创纪录水平。剥离和资产出售占全球交易的一半左右，在美国，此类活动较2010年上半年增长逾40%。用一位投行家的话说，“目前公开市场的趋势是纯正、聚焦和专业。拆分的动力通常是一个业务组合遭到重大而持续的低估”。

持有卡夫6%股权的最大股东——沃伦·巴菲特也对分拆的决定表示欢迎。他此前曾多次表示，收购吉百利是一桩糟糕的买卖，并在交易完成后做出了减持。而这一次，罗森菲尔德终于赢得了股神的拍手赞成。

热爱慈善的“糖果女王”

如今，由女性掌舵的美国知名企业实在多不胜数，而她们当中，谁的收入最高呢？根据《福布斯》公布的美国企业最高薪女CEO排行榜，食品制造商卡夫行政总裁艾琳·罗森菲尔德去年包括薪金、花红、股票和期权的总收入达1670万美元，因此由去年第3位跃升至今年的榜首。

人们喜欢称艾琳为“糖果女王”。这样一位女企业家中的佼佼者，在世界的知名度却不是那么高，主要还是因为艾琳实在太低调了。其实，艾琳完全有本钱“高调”起来——模特、钢琴家、自由轮滑铁杆爱好者，这些难道还不足以引发谈资么？但是，这位向来以“铁腕”著称的CEO不喜欢外界过于关注她的性别以及与现在工作无关的事情。她曾经说过：“我最喜欢的一句评语来自以前的一个老板。他对我说：‘你真棒，我都没意识到你是个女人。’”

艾琳有这样的想法并不奇怪，尽管女性往往比男性更关注食物，但是食品行业却几乎是个“男人的世界”。有人说，艾琳能够成为这个行业的领军人物简直就是奇迹。不过，在她的高中同学看来，她能够有今天的成绩并不稀奇——她从小就是个优等生！

上学期间，艾琳的成绩一直名列前茅，少女时期的她还是个体育迷，参加了好几支运动队，尤其钟爱篮球。她对体育的热爱一直持续到今天，一度为芝加哥申办2016年奥运会奔走。

在中学同学眼中，艾琳是个渴求成功的人。她为校报工作，加入学生会，参加学校合唱队和剧团演出。如今作风低调的她，小时候的梦想竟然是当美国总统！艾琳的高中同学对她的评价也都是一副优等生的模样——书呆子气、开朗、低调、友善。不过，她可不是那种戴着黑框厚镜片的书呆子。她的一个高中同学回忆说：“艾琳很会打扮自己，我记得我很喜欢她的眼妆。”天啊，在20世纪六七十年代的美国高中生中，很会画眼妆的艾琳想必出尽风头吧！

然而出人意料的是，艾琳的第一份工作竟然是在纽约一家广告公司做模特。这当然是漂亮女孩子都憧憬的工作，不过艾琳“玩”过之后，很快就投入了快销品行业的研究。自此之后，她一直投身于饮食业达25年之久。2004年，她成为百事快餐分公司菲多利北美的总负责人；2006年，她被任命为卡夫食品CEO；2007年成为卡夫食品董事长。

真正让艾琳声名大噪大概是从卡夫集团收购英国糖果业巨头吉百利开始。在这场长达数月的拉锯战中，她让世人见识了“糖果女王”的铁腕风格。另外，她在经济衰退期间斥巨资做广告，以便让通心面、奶酪的销售额保持流动，最后使得2008年公司营业额上涨15%，也一度成为佳话。

与职场上的铁腕作风不同，艾琳在生活中很友善亲切，依然保留着学生时代的许多良好习惯。譬如，她的生活很有规律，她每天早晨9点前离开别墅，驾车15分钟到卡夫位于诺斯菲尔德的总部上班。尽管工作忙

禄,她和丈夫每年夏天都会长时间泡在海滩。

智慧的艾琳太精于在工作与生活方面的平衡了,因此年逾五旬的她依然能看得出年轻时美貌的影子,深邃的眼睛,笔挺的鼻子,皮肤也比同龄的女性光滑。理着短发的她喜欢穿香奈儿风格的精致服饰,当中又不乏俏皮的元素。她最近最让人激赏的装扮是穿着深色毛呢外套,佩戴黑色珍珠耳钉,和一只青蛙胸针!

"铁腕"只是艾琳工作中的面孔,在生活中她总是一副热心肠,最热衷的便是慈善事业。

艾琳在食品行业早有名气,《福布斯》杂志推出的"2009年全球最有权势的100名女性"榜单中,她排位第六;而在《财富》杂志推出的"2009年美国商界最有权势女性"榜单上,她则摘取了榜眼之位,仅次于百事CEO英德拉。

在熟悉艾琳的人看来,她所取得的这一切并不意外。早在学生时代,她就是一名优秀的女孩。他的父亲是一名会计,在二战中服过役的他,一直努力为艾琳姐妹提供良好的成长环境。而视父亲为偶像的艾琳也用每年飘红的优异成绩来向父亲证明他的辛劳没有白费。

除了学习成绩,艾琳也是一个全面发展的学生。无论在学校的科学实验室里,还是在全国法语竞赛的赛场上,抑或学校剧团的表演中,都能见到她消瘦的身影。她的高中同学对她的评价是:富有书呆子气,却又不乏开朗。

艾琳于1971年以优异的成绩入读康奈尔大学,学习心理学。毕业后,她并没有急于就业,而是继续留在母校深造,相继拿下了工商管理硕士和市场统计学博士学位。她的博士生导师、康奈尔大学教授维萨拉评价道:"艾琳很出众,她是真的凭着兴趣在学习。"在艾琳询问导师,自己是否适合从商而不是做学术研究时,维萨拉颇有先见地告诉这名弟子,"无论你做什么,都能出类拔萃"。

事实证明,维萨拉的眼光十分精准。艾琳经过一番打拼,最终成为了领导卡夫的“女王”。除了这名可以充当引路顾问的导师外，艾琳还在母校认识了自己的第一任丈夫菲利普·罗森菲尔德。两人于1977年结婚，先后生下了两个女儿。菲利普十分支持艾琳从事食品行业，夫妇二人在生活和事业上都颇为合拍。遗憾的是，就职于IBM的菲利普1995年因病去世，为了纪念前夫，抹去悲伤的艾琳一直使用着他的姓氏，即便她后来再嫁给投资银行家理查德·伊尔根后也没有改变。

随着个人财富的激增，艾琳经常给母校康奈尔大学和一些医疗机构捐款，各种慈善晚会上也常能看到她的身影。而每一次她都低调出席，因为在她心里，慈善是一颗必须播撒的种子，而不是沽名钓誉的工具。就如她学习是凭着兴趣而为之一样，对慈善的关注和慷慨，也是艾琳发自内心的情感。

如今，年薪已达1680万美元的她和第二任丈夫理查德居住在芝加哥郊外的凯尼尔沃思。在这个美国最富裕的社区里，艾琳并不显眼，但她的热情却给邻居们留下了好印象，“两夫妇会对遇到的每一个人主动打招呼”。不过，由于艾琳和理查德的工作繁忙，这样的机会并不多。一般而言，艾琳每天早晨9点之前就会离开家，驾车前往总部开始一天的工作。在她的心里，卡夫的事业才刚刚开始，自然需要她竭心尽力，而她热衷的慈善事业也将毫不怠慢地继续下去。

延伸阅读：

偏执并不等于错误

童年时她梦想有一天成为美国总统，而现在，她是全球糖果世界的“女王”。

但“女王”绝不只有童话里有，更多的需要铁腕，但又绝不迷信童话里的铁腕。

罗森菲尔德的成功,所依靠最多的是耐心。从卡夫的离开和回归之中,她表现出了极大的耐心,“耐心,对我而言是最具挑战性的美德。我有紧迫感,但有时事情的进展并不是想快就能快,我总是要很辛苦才能接受这一现实”。罗森菲尔德或许在当年离开卡夫的那一刻,并没有想到自己有回来之日,但她却没有自暴自弃,而是继续在食品业中,等待崛起机会。百事给了她机会,即使卡夫不给她机会,她此刻依然会成为“女王”,可能不是“糖果”,而是“薯片”。

罗森菲尔德的这种耐心甚至成为了一种对食品的偏执性热爱,以至于对家人有点小伤害。

每次和家人去超市时,罗森菲尔德总会关注超市货架上卡夫产品的摆放位置,如果她觉得不满意的话,她会要求超市工作人员重新摆放产品,有时她甚至自己亲自动手来做这些事,也因此和超市的工作人员产生过争执,弄得“丈夫和女儿都不愿意和她一起去超市”。

罗森菲尔德说,她也会经历那种为人母亲与为人上司之间的分裂,但有时,她能从这两种角色中得到启迪。“做母亲的经历教会了我做一个更好的管理者——为人父母是最好的管理训练课程之一。”不过,有时候,罗森菲尔德的确家和公司不分,她的家人经常嘲笑她把晚饭饭桌变成了公司的目标设定会议桌。

不过,在事业上,这种偏执成就了罗森菲尔德。当吉百利不乐意把自己送给卡夫时,她偏执地坚持收购,没有迷信于英国人的所谓传统荣誉;当巴菲特不满意收购计划,她偏执地坚持收购,没有迷信“投资教父”头顶的迷人光环和抛售股票的大棒;当收购成功后,她偏执地坚持“炒”人,没有迷信从小喜爱的经典著作中的常规解释。

偏执并不等于错误,“糖果女王”罗森菲尔德用自己的执著和成功在做证明……

梅格·惠特曼：

缔造全球最大电子商务平台的“教母”

拥有一头金发，一副邻家女孩模样的笑脸，但就是这个看起来一点儿也不像女强人的梅格·惠特曼，却被《财富》杂志评为2004年度“最有权力的商业女性”，排名第二，仅次于惠普公司的总裁卡利·费奥瑞娜。而在《福布斯》杂志评选的2005年度“最有权力女性”中，惠特曼则名列第五，是商界中排名最高的女性。

☆人物概述

梅格·惠特曼出生于1958年，获哈佛大学MBA学位。

1995至1997年，惠特曼任FTD公司——世界最大的花卉产品公

司的总裁兼首席执行官，在此期间监督并使一个花商协会转变为营利的私有公司。在FTD公司之前，惠特曼女士曾担任另一家公司的总裁，非常成功地推广了一款婴儿鞋产品系列，圆满地完成了StrideRite品牌和零售店的重新定位。

1998~2008年，担任eBay公司总裁兼首席执行官。把一个50人小公司带领成为1.5万名员工、年营业额85亿美元的跨国企业巨头。

2008年3月底，惠特曼宣布退休，让年轻人来掌舵eBay，实现eBay的再次腾飞。

2008年初，《福布斯》杂志评出了“投资者最爱的十大女性CEO”，惠特曼是其中之一。

2009年，卸任后的梅格·惠特曼效仿施瓦辛格弃影从政，倾向投身政界，谋求2010年的美国加利福尼亚州州长一职。此时，世界“股神”、大慈善家沃伦·巴菲特曾邀请惠特曼加入“捐献誓言”计划行列，把一半身家捐献给慈善事业，但遭到惠特曼的拒绝。她宣称将致力于她和丈夫所创办的慈善基金。

2010年2月，英国《金融时报》评出过去10年间50位引领或塑造了环球政治、经济、贸易、文明四个范畴的50位人物。入选这份名单的商界首领包含苹果创始人史蒂夫·乔布斯、亚马逊创始人杰弗·贝索斯、谷歌创始人拉里·佩奇和塞吉·布林等。梅格·惠特曼位列商界领袖第14位。

2010年6月8日，加州州长选举党内初选揭晓，共和党人惠特曼战胜对手史蒂夫。这年8月，她的自传《价值观的力量》在中国内地出版。尽管赢得了党内初选，但在2010年11月2日的选举中败给了曾连任两届加州州长的杰瑞·布朗。

2011年4月，《福布斯》杂志参考读者在社交网站的意见，选出30位全球最激励人心的女性。梅格·惠特曼位列第5。

2011年9月至今，担任惠普公司总裁兼CEO。

2012年惠特曼的薪酬超过了1500万美元。

eBay传奇背后最有权力的低调女人

9月13日，eBay出价41亿美元，收购IP电话公司Skype，创下近年来网络公司转手的新纪录。此次收购将加强eBay的全球市场和支付平台，同时将开拓数项新的业务，并为公司创造可观的、新的盈利机会。这一交易对Skype也是重要的机会，将提升其在网络语音通信领域的领导地位，并为全世界的人们在全球互联网时代提供全新的通信方式。全球最大的网上拍卖公司eBay与最大的IP电话供应商Skype合并，这种举动在引发新一次并购狂潮的同时，整个互联网的格局也可能被改写。而作为带领eBay从年收入只有几百万美元的小公司成长为如今利润达数十亿美元的网络拍卖巨头的公司总裁兼CEO，女强人梅格·惠特曼再次成为业界关注的焦点。

如果要找个演员在电影中饰演梅格·惠特曼，那么身在好莱坞的另一个梅格——梅格·瑞恩是个不二人选。因为梅格·惠特曼跟梅格·瑞恩一样都拥有一头金发，一副邻家女孩模样的笑脸。但就是这个看起来一点儿也不像女强人的梅格·惠特曼，却被《财富》杂志评为2004年度“最有权力的商业女性”，排名第二，仅次于惠普公司的总裁卡利·费奥瑞娜。而在《福布斯》杂志评选的2005年度“最有权力女性”中，惠特曼则名列第五，是商界中排名最高的女性。

自1998年3月梅格·惠特曼出任eBay首席执行官以来，eBay在其领导下，不但已经成为“全球网络集市”，更稳占消费商品电子商务网站榜首位置。梅格凭着其品牌建立专长，以及其丰富的消费市场技术经验，协助eBay发展成领先业界的杰出企业，逐渐改变了全球的经商模式。除此之外，梅格·惠特曼还有一份令大部分人难望其项背的从业

经历：她不仅曾担任宝洁公司的品牌主管，还曾担任迪士尼公司的高级副总裁达5年之久；身为eBay掌舵人的她还兼任了宝洁公司和GapInc.董事会的董事。在带领eBay成为业界“领头羊”的同时，惠特曼个人所持股票的市值也达到了16亿美元，令她成为当今世界最富有的女人之一。

在成为各大商业杂志的封面人物而被人们熟知之前，任何看到梅格·惠特曼的人都很难想象她会成为全世界最有权力的女人之一。对拥有一副开朗的形象圆形脸蛋上随时带着随和自信笑容的惠特曼来说，人们对她的第一印象可能是一位中产人士或者是一位普通白领。

梅格·惠特曼1956年出生于纽约冷泉港的一个富裕家庭，她是家中三个孩子中最年幼的一个。梅格的父亲是一位为人提供贷款的商人，母亲则是一位全职的家庭主妇。由于家庭富裕，父母都尽可能地让他们的子女到最好的学校就读。梅格就读的高中——冷泉港中学，就是当地一所名校。天资聪颖的梅格·惠特曼在学校不仅学业优秀，她还热衷于曲棍球、网球、棒球、游泳等各种运动。

对年轻的梅格来说，生活过得一帆风顺，但也没有人期待她以后会有多大的成就。不过，到她高中的最后一学期时，一件事情的发生却改变了她的一生。1973年，梅格的母亲参加由女演员雪莉·麦克雷恩带领的代表团访问了当时刚刚向世界打开大门的中国。这次难忘的经历令从来不争强好胜的母亲彻底改变，“妈妈从中国回来后，她就认为自己能做她想做的任何事情，她希望我也能做到”，梅格·惠特曼回忆说：“这是一次改变我们整个家庭的经历。”

高中毕业后，梅格·惠特曼就读于普林斯顿大学，她刚开始本来想成为一名医师，但却对生物化学这样的课程感到乏味，于是她转而攻读经济学专业，并于1977年毕业。1977年秋季，惠特曼成功考入哈佛大学商学院，攻读经济学硕士。当年跟她同班的很多学生日后都事业有成，其中包括现任美国劳工部长赵小兰、百事可乐的主席加里·马歇尔，以及纽约证券交易所的CEO约翰·塞恩等。

在哈佛，梅格·惠特曼还认识了刚从哈佛医学院毕业的未来丈夫格林菲斯·哈什。三年后，梅格·惠特曼拿到MBA学位，加盟了宝洁公司的客户服务部门，并与格林菲斯·哈什成婚。在格林菲斯·哈什到加利福尼亚大学实习时，梅格跟随丈夫来到旧金山，担任贝恩公司的旧金山分公司的管理顾问。在那里，她将自己在宝洁公司学到的经验发扬光大；那就是听从客户的意见，并着手实现他们的需求。

在接下来的20年里，梅格·惠特曼生了两个孩子，转向市场部门的她始终认为满足客户是取得成功的唯一途径。在担任迪士尼公司主管消费产品行销副总裁期间，惠特曼着手开辟了迪士尼主题商品的海外市场，这样的经历又为她以后扩张eBay打下了坚实的基础。

不过，梅格·惠特曼是个很有弹性的人。1992年，丈夫格林菲斯到位于波士顿的马萨诸塞州中心医院工作，她依然"夫唱妇随"地回到了波士顿。1995到1997年期间，梅格是全球最大花卉产品公司FTD的总裁兼CEO，在任期间成功地将公司从原先由各花商联合组成的协会性质，转变为营利的私人企业。

没有技术背景的IT巨头

与此同时，在美国的另一个海岸边，一个诞生于圣琼斯的小网络拍卖公司正在急速增长。1995年，eBay创始人皮埃尔·欧米迪亚在自己的个人主页上放置了拍卖的网页程序，当时的目的只是为了检测和提高自己的编程水平。但在不到两年的时间内，这个网页便被改名为eBay，拥有了40名员工和近30万的用户。它的发展引起了业内关注，eBay因此获得500万美元的风险投资。快速成长的eBay极其需要成熟的管理，梅格·

惠特曼与皮埃尔·欧米迪亚有了合作的契机。

“当时在挑选CEO人选时，我们列出了一个50人的候选名单，削减之后，变成了5个人。然后，梅格·惠特曼进入我们眼帘。在客户方面拥有丰富经验的她成为我们的最佳人选”。如今拥有100亿美元资产的皮埃尔·欧米迪亚回忆说，“在我向她描述我们的业务之后，她说：‘看起来，你们需要一个有经验的人来定义和扩展你们的品牌。’她一语中的！”

对惠特曼来说，并不一定要接管eBay或者别的互联网公司，而且不是技术出身的她也没有任何互联网的经验。在1998年，曾经有一个eBay的执行官招聘人员打电话给惠特曼，但是她拒绝了。她生活在波士顿，不想影响她的两个正在上中学的儿子，或者让她的丈夫重新找工作。但在与招聘人员长达三周的电话交谈之后，她还是飞到了加州的圣琼斯，改变了她的初衷。“在那时诞生了如此多的概念，基本上都是基于用互联网来实现在地面环境中能做的一切。这是一个全新的概念，使人们任何时候都能够进行交易。”1998年，当皮埃尔·欧米迪亚宣布聘请惠特曼做CEO时，那些脑袋僵硬的“意见专家”表示旧经济经验无助于新经济模式，但熟悉梅格的人都很看好她和eBay的前景。

在1998年5月份，惠特曼与家人一起搬到西部，她加盟了eBay公司，并宣誓要花几个月做一些基本调整——建立一个管理班子，转变财务系统，提出新的市场策略，建立流线型的电子邮件系统。为了准备1998年9月份的华尔街的eBay公司的最初的公布资料，她费尽了心机。她又与美国在线建立了战略伙伴关系，其后还与雅虎、微软、亚马逊等公司展开了合作，在这些互联网巨头成为eBay的竞争对手之前。在短短的6个月时间内，惠特曼让eBay的股票成功上市。一夜之间，超过75位的员工变成百万富翁，公司的创始人欧米迪亚及总裁杰克·斯克尔身家达到几十亿美元，而惠特曼本人的净资产也超过了10亿美元。

用无可争议的成绩树立威信

1997年11月，当猎头公司代表eBay找到梅格·惠特曼的时候，她正在年销售额6亿美元的哈斯波罗玩具公司担任学前儿童部主管。她已经有两个儿子，丈夫是马萨诸塞州总医院的神经外科主任。她看不出有任何理由要去一家她闻所未闻的硅谷网络公司当CEO。所幸的是，代表eBay的猎头是硅谷的传奇人物大卫·贝尔尼，当他再次打电话给惠特曼的时候，她同意飞到加州和欧米迪亚谈谈———谈的结果是她接受了这份工作。

在成为eBay的总裁兼CEO之前，飞饵钓鱼曾是她最大的爱好。这个养成7年的爱好和她在eBay的角色似乎也不无相似之处。在“飞钓”中，准确地甩竿是至关重要的，而作为eBay的掌门人，做出每一个正确的决定也同样重要。“在我们这一行，你必须尽可能地与用户拉近距离，”惠特曼说，“比如我们对网站做了某个改动，五分钟之内你可能就从用户那里收到上千封Email向你抱怨，你会立刻意识到错误的决定意味着什么。”

惠特曼的巧妙之处在于她借助势力积累来建立威信，扩大影响力范围，其中最关键的一条是“要说到做到”。2000年，eBay的营业收入只有4.31亿美元，她在董事会上立下“军令状”——2005年eBay的营业收入要达到30亿美元。当时几乎没有投资者愿意相信她，甚至她自己在董事会的盟友之一库克都觉得这样的目标简直是天方夜谭。2004年，eBay的业绩报告出笼了，公司的营业收入为32亿美元，这意味着惠特曼已经提前一年超越了“军令状”上的目标。惠特曼用行动证明了自己的威信，也吸引了华尔街投资人的目光，不仅宝洁CEO拉夫里对她赞赏有加，就连通用电器的CEO杰夫·伊梅尔特也流露出欣羡之情，“她能够丝毫不差地将自己的承诺转化为现实，这是我们最欣赏的人性中的一点”。美国著名投资银行高盛公司的首席分析师安东尼奥评论说:“在我所关注过的所有企业中，只有eBay毫无例外地每次都能达到自己设定的目标。”

2002年，eBay以3000万美元的价格收购了易趣的部分股份，并于2003年以1.5亿美元收购了剩余股份，从而进入中国市场。eBay在韩国也实施了同样的策略，该公司2001年以1.2亿美元收购了InternetAuction公司的小部分股份，并于2004年以3.63亿美元收购了后者的全部股份。

复杂商业中的艺术家

一切看起来都一帆风顺。但是，1999年的一场事故却几乎令惠特曼被赶下台，eBay的股票市值也因此降到了最低点。1999年晚上7:00，eBay的网站突然崩溃，数以百万计的eBay客户突然发现他们的交易被中断，其中包括大量利用eBay来分配产品的公司。在此之前，eBay的网站也曾崩溃过，不过每一次问题很快就被解决。但是这一次，好像所有的一切都垮掉了——整整22小时之内，eBay上的交易全部停顿。计算机系统停工造成近400万的费用损失，公司股票贬值了50亿，eBay在整个夏季都被投资者认为是“垃圾股”。

由于事故被夸大为“重大事故”，惠特曼作为eBay的CEO的前途立即引起了疑问。来自受挫的华尔街分析师和eBay股民的批评都呼吁她立即下台。好在这位硅谷的新人非常善于学习，她承诺学习数据库损坏方面的知识，并雇佣了一个著名的专家作为首席危机控制专家。那次断电事故，可以说是对一家美国公司最为昂贵的软件故障之一，成为了惠特曼职业生涯的关键转折点。由于技术背景知识的欠缺，她意识到自己必须精通服务器和大型网络方面的知识。同时，惠特曼称，eBay比其他任何公司能让她感受到快速决策、“兵贵神速”的重要性。

这位40多岁的首席执行官将一面吸取各种经验教训，一面带领eBay在2002年闯过险滩和暗礁，克服更大的困难——包括eBay公司的最重要的技术升级并制定一个经营战略。同时，惠特曼正在忙着制定一个长期的战略，以使eBay能够繁荣昌盛。从2002年开始，eBay展开了全面的收购行动。对象不限于在美国的网上业务，她的目标有地域性的(如中国的易趣拍卖网)，也有功能性的（如IP电话公司Skype)，通过横向及垂直的整合，eBay被誉为商业史内发展最快及最成功的公司。

平易近人的独特混合体

外表平易近人的梅格·惠特曼，与惠普前任CEO卡莉·菲奥莉娜热情洋溢的煽动性演讲相比，她深沉内敛且言语淳朴平实，毫无激情。不过这丝毫不会影响或动摇股东和投资人对她的信任。eBay在刚结束的2005年第一财季取得了“净营业收入10.32亿美元，同比增长36%；净利润为2.563亿美元，同比增长28%”的业绩，而eBay连续数年超过50%的增长率也让华尔街为之瞠目。

人如其表，梅格·惠特曼私下生活一样过得很平凡。作为世界上最富有的女人的她，却丝毫没有“奢侈”的概念。作为仅次于惠普总裁卡莉的全球第二大最有影响力的女性经理人，梅格·惠特曼也是一位响当当的女中豪杰。但与卡莉不同的是，惠特曼没有商业领袖的明星派头，她没有专属的直升飞机，也没有豪华的装扮。她衣着朴素，是一位务实、老

派、低调、严肃的人。“我喜欢穿着eBay的T恤衫出现在机场，这样人们一见到我，就会问我是不是在eBay工作，在得到肯定的回答后，他马上会兴奋地告诉我‘我在eBay上的商业信用又多了几百点’”，惠特曼说，“在告诉我他的名字之前，他又会滔滔不绝地说他在eBay上卖什么样的产品。这就是eBay令人神往的地方”。

惠特曼倡导平等理念，她在不大的办公室中工作，看起来与雇员并无二致。她不但每天都会亲自阅读一百多封eBay用户的电子邮件，而且她还经常参与网络交易，其中最大的一笔交易是她在网上选购了一幢位于科罗拉多州的别墅。惠特曼认为她的工作颇似主持市政会议的市长，民众希望她为大家的商业经营提供最好的基础设施，也希望她使每一个人都按规则办事，因为她是民众信得过的朋友。

每年6月份，eBay都会举行一场别开生面的用户大会“eBay现场！”在这里，惠特曼不再仅仅是eBay高高在上的领袖，她更是所有用户的朋友。惠特曼身着蓝衬衫与卡其布裤子，面对上万名eBay的用户，她不停地在T恤衫上签名，分发明信片，那上面印有她用假蝇钩钓鱼的卡通版漫画。她还在现场摆起了咨询台，对每一个走上前来问问题的人，她都笑脸相迎。当有人兴致勃勃地谈起他在eBay上不断发展的生意时，惠特曼像母亲鼓励孩子一样，“你瞧，我就知道你能行！”她能和普通人发自内心地沟通，是一个家庭主妇和公司领袖的独特混合体。

惠特曼就是这样的随和，她赢得了同事和客户们由衷的钦佩，她也使那些愤世嫉俗的人感到手足无措。她真的是个很好打交道的人吗？或者不过是个噱头呢？惠特曼表面上缄默，内心里却在偷偷乐，她喜欢反对者给她贴的标签，“她是个没怎么见过世面的人，但却把eBay搞得不错”。

顾家爱家的女强人

对女强人，人们的惯常印象是，不停地忙于事业而无暇顾及家庭。在中国，女强人更是给丈夫带来很多世俗的压力。在这一点上，梅格·惠特曼再一次表现出与众不同，她热爱家庭，又懂得充分地享受生活。

eBay不仅是客户交易的平台，对梅格·惠特曼来说，也是她及家人的一个交易平台。她参与eBay的网络交易，最突出的一次就是在网上购买了一栋位于科罗拉多州的别墅。梅格与丈夫、孩子都非常喜欢科罗拉多州的山脉，被其雄伟、壮阔深深吸引。当梅格在网上看到科罗拉多待售的别墅时，心动不已。梅格买别墅的想法得到了家人的支持。于是这里就成为梅格和家人在工作之余的休闲去处。不过别墅内原来的饰物，梅格家人并不十分满意，于是，她又通过eBay网卖掉了那些装饰物品。

梅格和家人还喜欢徒步旅行和滑雪，两个儿子的滑雪服也是梅格·惠特曼在eBay网上购买的。梅格16岁的儿子特别喜欢用假蝇钩钓鱼，每年，梅格都会抽出时间陪儿子参加这项运动。在儿子的带动下，后来梅格竟也迷上了这项运动。

工作、家庭和生活被梅格安排得井井有条。职场上梅格有着非凡的决断力和影响力，同时，在家里，她是一个温情的妻子。她是在宝洁工作期间认识了丈夫——神经外科医生格里菲思·哈什的。婚后，她一直是丈夫温柔、忠实的跟随者。哈什赴加利福尼亚大学实习期间，她曾跳槽随丈夫来到旧金山，在著名的贝恩顾问公司工作。后来丈夫在波士顿马萨诸塞州的中心医院得到一份工作，她又跟随丈夫回到波士顿，进入儿童用品公司StrideRite，并担任总裁。在接受eBay的邀请时,是哈什和孩子们为她做出了牺牲,举家搬迁到eBay加州总部所在地。

因丈夫的原因而产生的工作变动,没有影响到梅格·惠特曼的事业,相反,有了家这个永远的基石,她的事业才得以步步高升。不过,夫妻间也难免有产生分歧的小插曲,但是梅格·惠特曼是个智慧的女人,懂得用智慧化解不和谐的音符。一次,她在纽约查看eBay上市后的行情,当她激动地打电话告诉丈夫公司的好消息时,丈夫很冷静地回答说:“你告诉我的消息的确是好消息,但是梅格你应该知道,对一个外科医生来讲,它远比不上脑外科手术重要。”丈夫的话中有一种委婉的埋怨。梅格没有因此沮丧,而是把丈夫的话当做事业上一条很重要的建议铭刻在心。有时,工作也会带给她阶段性的疲惫,这时梅格会全身心地投入到家的天伦之乐中,在片刻的放松里,她又得到全新的滋养。

作为女人、妻子和母亲的梅格懂得家庭幸福对一个人有多么重要,对事业的成功有多么重要。所以,在用心营造温馨家庭的同时,她也取得了事业上的非凡成就。

功成身退,试水政界

由1995年只有几千用户急速发展至1.5亿用户,eBay估计,单单在美国本土,有超过50万人天天全职“泡”在eBay上谋生。这座虚拟购物商场365日每时每刻都有交易在进行。如果问惠特曼她认为eBay最与众不同之处,她会毫不犹豫地说:“回报,eBay的商户很珍惜自己的商誉,视回报为大勋章。回报是eBay打假打骗的有力武器,卓越可靠的经营者有20万回报点。”

1998~2005年，梅格·惠特曼担任CEO的短短7年内，eBay的年收益已从570万美元猛增到2004年的32亿美元，而2005年的收益达到42亿美元。梅格·惠特曼在令eBay以超过微软、雅虎、戴尔的速度飞速成长时，她自己也得到了丰厚的回报。"我期望做一个将创意转化为现实的艺术家。"惠特曼说，"电子商务是一个新兴的行业，你很难想象，现在它已经与历史悠久的传统百货业站到了同一平台上。带给人们一种新的消费模式，并且看着它逐渐壮大，这是一件相当令人兴奋的事情"。

惠特曼加盟公司10年，eBay从最初只有几千用户、几十名员工的小公司，急速发展成为拥有1.5亿用户、1.5万员工、年营业额85亿美元的跨国企业巨头。惠特曼也因此获得"电子商务教母"、"在线跳蚤市场女王"的美誉。

美国《时代》周刊称梅格·惠特曼是"最具冒险精神的新型拍卖英雄"。美国《财富》杂志盛赞她，"建立了全球最大的在线贸易市场，使eBay公司成为全球最有价值的互联网品牌，也成为历史上发展最快的公司"。还指出她"将eBay领向了一个让世人震惊的方向，并采取了违反常规的战略性选择，聚集了更为复杂和精巧的能力"。

2008年初，《福布斯》杂志评出了"投资者最爱的十大女性CEO"，惠特曼是其中之一。

2008年12月31日，惠特曼功成身退，这时的eBay已跻身《财富》杂志企业排行榜的世界500强。

2009年，卸任后的梅格·惠特曼效仿施瓦辛格弃影从政，倾向投身政界，谋求2010年的美国加利福尼亚州州长一职。此时，世界"股神"、大慈善家沃伦·巴菲特曾邀请惠特曼加入"捐献誓言"计划行列，把一半身家捐献给慈善事业，但遭到惠特曼的拒绝。她宣称将致力于她和丈夫所创办的慈善基金。

2010年2月，英国《金融时报》评出过去10年间50位引领或塑造了环球政治、经济、贸易、文明四个范畴的50位人物。入选这份名单的商

界首领包含苹果创始人史蒂夫·乔布斯、亚马逊创始人杰弗·贝索斯、谷歌创始人拉里·佩奇和塞吉·布林等。梅格·惠特曼位列商界领袖第14位。

2010年6月8日,加州州长选举党内初选揭晓,共和党人惠特曼战胜对手史蒂夫。这年8月,她的自传《价值观的力量》在中国内地出版。

为竞选州长一职,梅格·惠特曼已经投入1.4亿美元巨资,创下美国历史上除总统竞选外最高的竞选费用纪录。而惠特曼的竞争对手,来自民主党的杰瑞·布朗只花了2000万美元。在她的任期中,eBay成功跻身《财富》杂志世界500强企业,而惠特曼的身价也突破了10亿美元;而杰瑞·布朗在20世纪70年代曾两度担任加州州长,并赢得了"月光州长"的昵称。

财大气粗的惠特曼竞选团队共播放了8万条电视广告,其内容涵盖西班牙语、汉语普通话甚至广东话节目。铺天盖地的竞选广告让人目不暇接:邮件广告、宣传册、互联网广告、户外广告牌,甚至手机短信……遍布大街小巷的广告都在传递同样一个信息:惠特曼州长。惠特曼宣布参选政纲,声称她将在教育、环境、非法移民、婚姻与堕胎、吸毒、基础建设等方面进行锐意改革。

声势过于浩大的竞选活动引起了一些自由选民的反感,他们宣称惠特曼的广告已经"严重影响了民众的生活",所以他们决定转而把票投给杰瑞·布朗。

2010年11月2日,四年一度的美国国会中期选举拉开大幕,共和、民主两党将围绕联邦两院的控制权和38个州长职位展开角逐。

有意思的是,与惠特曼并驾齐驱的另一位昔日IT女英雄卡莉·菲奥莉娜此次竞选加州参议员。但是,这两位曾风光无限的硅谷女富豪,其公共服务的经验和从政履历少得可怜,惠特曼甚至被揭20多年没有参与过投票,却称自己最能代表加州选民。在加州面临12.6%的高失业率和严重经济衰退的当下,选民还是选择了两位老牌民主党政治人物。

尽管中期选举被视为共和党的“翻身仗”,但在美国经济最发达、人口最多的加利福尼亚州的两个重要席位角逐中，共和党候选人双双落败:2010年11月3日,卡莉·菲奥莉娜败给了民主党对手芭芭拉·鲍克瑟,无缘加州参议员席位;加州州长选举中,惠特曼则不敌民主党候选人、加州总检察长杰瑞·布朗。

但惠特曼表示并不感到后悔。她在接受媒体采访时说:“我是一名政治新手,我在这场大选中的投资就是给加州选民一个选择的机会。他们知道我代表着什么，他们需要在职业政治家和职业难题解决者之间做出选择。”

72岁高龄的布朗拥有40年从政经验,是加州政坛重量级人物,这将是他第三次坐上该州州长位置——他曾在1975年至1983年间连任两届州长。

2011年4月,《福布斯》杂志参考读者在社交网站的意见,选出30位全球最激励人心的女性。梅格·惠特曼位列第5。

拯救惠普,正在进行时

在惠普董事会里,没有人愿意冒险选择和培养另一个外来者。但内部候选人屈指可数。因此,在2011年8月,当李艾科的短暂任期快要结束时,董事们开始达成共识,把惠特曼作为他们的最佳选择。她曾是成功的硅谷CEO，她在2011年1月进入惠普董事会，对该公司的问题心知肚明。由于杰瑞·布朗惬意地坐在萨克拉门托的州长办公室里,惠特曼可以承担新的全职工作了。

在她执掌大权的前一年,惠普股价暴跌42%,同时营业利润率跌至

2.5%。主要竞争对手戴尔在服务器市场上扩大地盘，而惠普似乎无力阻挡。2012年4月，这两家电脑厂商争夺微软必应搜索引擎团队的3.5亿美元服务器订单，最后戴尔胜出。同样的故事，在先前争夺必应业务的四次对决中，也都是戴尔获胜。

惠特曼预计，惠普利润在明年仍将下滑，到2015年之前，该公司都无法取得实际意义的增长。

以下是惠普出现的问题，以及惠特曼计划如何修复这些问题：

管理层不断变化

自2005年至今，已经有4人担任过惠普首席执行官。这些首席执行官通常来自公司外部，每个人都会带来自己的心腹。单是在过去的两年时间里，就已经有超过20位高级副总裁或职位更高的高管离开了公司。

在分析师电话会议中，惠特曼称公司高管层经常性的变化是“惠普当前面临的单一的最大挑战”。惠特曼认为，“管理层的变化带来了多重不一致的战略选择，造成了重大的执行扭曲”。

举例来说，2005年，时任首席执行官卡莉·菲奥莉娜把惠普的PC业务与打印机业务进行了合并。也就在同一年，赫德取代菲奥莉娜出任了惠普首席执行官。上任后不久，赫德又把合并后的业务进行了分拆。在赫德2010年被迫离职之后，他的继任者李艾科宣布将分拆PC业务。在惠特曼2011年出任惠普首席执行官之后，又修改了李艾科的分拆计划。

与此同时，自2005年以来，惠普的这几位首席执行官在位期间都执行或宣布了裁员计划，累计裁员总数达到了7.5万人。惠特曼本人也计划裁员2.9万人，占惠普34.9万全球员工总数的8%以上。

由于经常性的重组，令惠普的士气受到了沉重打击。加州大学管理学教授金伯利·艾尔斯巴克表示，十多年的降薪和裁员，让众多的惠普员工对公司管理层产生了怀疑。他说，“弥漫在员工中的焦虑情绪，已经对惠普员工产生了长期的影响”。

惠普的修复战略:即便是进行了裁员,惠特曼依旧表示,稳定的管理层将会带来始终如一的战略,并提升员工士气。她已承诺将继续担任惠普首席执行官。

缺少研发投资

在赫德执政时期,惠普的利润一直在稳步增长。不过惠普当时利润的增长,部分的以削减在未来推动公司业绩增长的支出为代价。举例来说,赫德执政之前,公司每年的研发支出达到35亿美元;在他离任时,已经降至30亿美元。

赫德削减支出最多的领域,包括了服务业务,其中包括对在2008年斥资130亿美元收购的外包巨头EDS裁员数千人。EDS的外包模式需要对设施、设备和人员进行巨额的投资,而且依赖于大型、长期的合同。李艾科在2011年表示,EDS的业务并没有所需的技能让其获得高端合同。

最近,惠普外包业务的4个大客户终止与该公司续签合同。与惠普的PC或打印机业务不同,当营业收入下滑之时,它们能够减少订购配件的数量,服务业务由数千名合同工组成。让成本与营业收入保持同步就意味着裁员,但是这也将引发恶性循环。

分析师罗伯·希拉表示,"在科技产业, 削减支出并不是好的长期战略"。

在上月的分析师电话会议中,惠特曼就表示,惠普过去对产品开发支出的削减已经伤害到了公司。她强调,在快速发展的打印机市场,惠普已经连续7年未更新产品。

惠普的修复战略: 惠普计划把本轮裁员2.9万人结余出来的支出中的一部分,投入到研发领域。惠特曼还表示,惠普将把管理销售和人力资源、追踪客户的新软件落实到位,让公司的运营更加高效。

现金状况糟糕

与许多的大型科技公司一样,惠普也通过收购来获取新技术。但是

惠普的许多大型收购均以失败收场，导致相对于竞争对手，惠普手中剩下的现金不多，且担负着更加沉重的债务。

2007年时，惠普持有超过110亿美元现金，以及50亿美元的债务。但是在随后6个财年中的4年里，惠普均以两倍于自由现金流的规模进行了收购，如在2008年收购EDS和进行股票回购等。

在最近结束的财季中，惠普持有的现金已经降至95亿美元，且拥有超过240亿美元的长期债务。惠普当前持有的现金总额已经远低于竞争对手。甲骨文目前持有320亿美元的现金，思科持有490亿美元的现金。更为重要的是，惠普是科技行业中为数不多负债超过持有现金数额的公司。

无论是惠普的股票回购还是收购，都没有获得良好的回报。

惠普在今年年初对130亿美元收购EDS进行了80亿美元的商誉减损。2010年，惠普还斥资12亿美元收购了Palm。但是在一年之后，惠普便关闭了这一部门，并进行了相应的商誉减损。

与此同时，惠普在过去几年时间里回购并注销了超过200亿美元的公司股票。但即便是如此，惠普股价仍在近期创出了10年新低。

评级机构穆迪已经表示，该公司正在评估是否下调惠普的信誉评级。穆迪的做法，可能令惠普很难募集到更多的资金，并有损于公司向客户提供金融服务的能力。

惠普的修复战略：惠特曼已经表示，在再次进行大型并购交易之前，惠普必须先偿还债务，并积累自己的现金储备。尽管公司股价一直下滑，但是惠普已经放缓了回购股票的步伐。在2012年前9个月当中，惠普仅仅回购了15亿美元的公司股票。在最近的一个季度，惠普仅回购了3.65亿美元的公司股票。

减少产品数量

惠普的各主要业务在业内范围均出现了不同程度的下滑。今年第三季度，受消费者向平板电脑和智能手机转移的影响，全球PC出货同比减少了8%。市场调研公司IDC的统计数据显示,惠普当季在全球PC市场的份额已经降至15.9%,低于上年同期的17.4%。

惠普打印机业务的营业收入,较上一季度下滑了3%,服务器营业收入下滑了11%。惠普的服务器业务同时还受到了与甲骨文在部分高端系统软件开发分歧上的影响。

在惠普营业收入下滑的同时,公司的支出却在增加。2011财年,即便是惠普的营业收入已经开始下滑,公司的员工总数还是增加了2.5万人。2012年前三季度,惠普的营业收入较上年同期减少50亿美元,降至904亿美元,但是与销售相关的支出却出现了上涨。

分析师马丁·雷诺兹表示,惠普拥有一些引人注目的产品,但是公司无法通过它们传递出惠普的价值。

惠普的修复战略:惠特曼已经表示,惠普将会随着宏观经济的增长一同增长。她计划削减公司众多的产品,来增加利润。举例来说,惠普当前拥有超过2100款打印机产品,惠特曼计划让这一数量缩减一半。

惠特曼不只是想提高公司业绩,她也是为了遗馈而努力。“惠普对硅谷,对这个国家意味着很多东西。成为其中的一员令人非常自豪。这是家出色的公司,有出色的员工。我认为我们将重现辉煌。”

惠特曼把自己目前在惠普经历的情况与星巴克CEO霍华德·舒尔茨在2008年遭受的困境相提并论。在她还是eBayCEO的时候,舒尔茨曾是eBay董事会成员之一。可以想象,惠特曼对舒尔茨的传奇经历肯定早有耳闻,而这段经历也或多或少地影响过她。在谈及惠普的崛兴时,惠特曼表示:类似的转变过程无论发生在哪里,通常都需要4~5年。完全按照我所设想的方式把惠普重新带上正常轨道,这是一项浩大的工程。

延伸阅读：

eBay离奇宝贝VS古怪商品

eBay几大离奇宝贝

莲花EspritTurbo跑车

离奇指数：★★★

电台DJ蒂姆·肖在2005年与一个超模的访谈节目里开玩笑说愿意撇下老婆孩子跟她私奔，这个玩笑刚说出口，就把他的老婆海莉惹怒了，她立马在eBay上发布了广告，以50便士的价格出售蒂姆最心爱的莲花跑车。几分钟后，就被一个狂喜的买家买下。最后蒂姆不得不在电视上公开对老婆道歉，再花了5000英镑从买家手里买回来。

科克船长的肾结石

离奇指数：★★★

在《星际迷航》里饰演科克船长的传奇影星威廉·夏特纳在2005年被检查出身体里一粒肾结石。他要求医生先把它留住，他要在eBay上把它拍卖，所得款用于慈善。虽然器官买卖是被立法禁止的，但肾结石显然不在此列。

火星陨石

离奇指数：★★★★

1962年，一块来自火星的陨石落在尼日利亚中部。这块重达18公斤的陨石年纪已有130万岁。作为私人收藏超过40年后，于2005年出现在eBay网上，开价45万美元，并带有陨石专家签名的认证书。

罗曼·阿布拉莫维奇的游艇

离奇指数：★★★★

俄罗斯富豪、切尔西足球俱乐部的老板阿布平时去哪里买东西呢？当然是eBay！2006年，他在eBay以1.68亿美元拍得了一艘170米长的豪华游艇(带一个直升机停机坪、8个客舱、10个复式VIP套房,还有健身房、电影院、客厅和豪华办公室),并马上付了50%定金以保证交易。

非一般的旧牛仔裤

离奇指数:★★★★

2001年，一条Levi's牛仔裤在eBay卖得46532美元。这条牛仔裤是1998年在得克萨斯州的一个采矿小镇发现的，历史可追溯至1880年代。如果你能找到比这条更旧的牛仔裤,那你就发大财了。但是谁会买这条旧牛仔裤回家呢？当然就是公司自己了。

5万年前的长毛猛犸象

离奇指数:★★★★

这头名叫Max的长毛猛犸象的骨架于2004年出现在eBay上。当然现在是没有毛了，但是如果有买家能提取到DNA并克隆出活生生的猛犸象的话,就可以造一个真实的侏罗纪公园了。买家以9.5万美元买得。

二手的苏联航天飞机原型

离奇指数:★★★★

有的东西无论多牛也卖不出去,这是个悲催的事实。而俄国人也不珍惜他们的太空竞赛历史。这个比例1:8的航天飞机原型,在1983～1988年间经过多次航天测试。2002年在eBay上拍卖的最高出价是9.8万美元，还不到卖家的最低售价。所以现在依然库存为1。

斯嘉丽·约翰逊的鼻涕

离奇指数:★★★★★

好莱坞女星斯嘉丽·约翰逊在上电视访谈节目的时候，向主持人道歉说得了感冒并掏出纸巾来擤鼻涕。擦了鼻涕的纸巾塞在了她的手包里。后来她在上面签了名并放到eBay上拍卖,为慈善筹款(据报道,纸巾上还沾了点唇印)。一个慈善买家以5300美元拍得。假如有一个更好的DNA克隆商机,长毛猛犸什么的都只是浮云。

eBay几大古怪商品

1.一位女士曾拍卖包含已故父亲的“幽灵”的拐杖，因为她儿子害怕姥爷的“幽灵”，不敢在屋内到处走动。这个拐杖的最高竞价达到了15000美元。

2.有人曾花1000多美元购买过一个据说被美国歌手贾斯汀·布莱克咬过一口的法国土司。

3.一名男子曾把自己的额头作为广告位拍卖，30天时间的广告拍卖价达到了322美元。

4.弗吉尼亚的两姐妹发现了一个形状与伊利诺伊州一样的玉米片，她们把这个玉米片卖了1000多美元。

5.一名男子在2001年拍卖了他一生的财产。他现在拥有一个自己的网站，专门介绍他出售的全部物品。

6.一名男子在eBay出售“一个月的友谊”，承诺每周两封电子邮件、打电话和短信联系，最终成交价达到将近2000美元。

7.某公司生产的豪华私人喷气式飞机，成交价达490万美元，成为eBay网站上单项商品成交价最高的商品。

英德拉·努伊：百事可乐公司史上首位女性CEO

23岁以前的英德拉·努伊是一个土生土长的印度女孩，此前她从未去过美国，50岁时却成为美国企业界最显赫的人物之一——世界著名企业百事可乐公司的CEO，是百事41年来第一位女性首席执行官。

☆人物概述

英德拉的成功不仅是因为她是一个从小受到良好教育的女子，还因为她拥有东方女性特有的气质和魅力。她的独特的人格魅力让她赢得了至高的地位、财富和尊重。她说过："作为一个女人，一个出生于美国国外的人，你必须比其他任何人都聪明。"即使是在以开放著称的美国，像她这样的女性高管也十分罕见。

2006年、2007年、2008年、2009年，她连续4次登上《财富》杂志“美国最具影响力的商界女性50强”冠军宝座。

2008年，她入选《福布斯》杂志“全球最具影响力的女性”排行榜第3名。

2010年2月初，英国媒体《金融时报》评比出过去10年间50位引领或塑造了环球政治、经济、贸易、文明四个范畴的50位人物，英德拉·努伊位居第11位。

2010年10月6日，《福布斯》杂志公布了“全球最有权势女性”年度榜单，英德拉·努伊被列在第6名。

英德拉·努伊书写了一部“美国式的印度传奇”！

出生于印度，勇敢做自己

1955年10月28日，英德拉·努伊出生在印度南部城市晨奈的一个中产阶级家庭。据说她从小就很少按照大人们的期望去做事情。在英德拉·努伊的青少年时代，妇女社会地位相对低下，多数印度少女把大部分时间花在学习家务琐事上。但是生性好动的英德拉·努伊不喜欢这些事儿，她组建了一个全部是女孩的摇滚乐队，同时她还在一个女子板球队打球。

她的母亲是一位家庭主妇，小英德拉外向活泼的性格是母亲教育的结果。在英德拉很小的时候，每天晚餐后，母亲都会与英德拉和她的姐妹们一起交谈，讲一些当前世界上的热点问题，让她们思考解决方法，允许她们就所有的事情发表意见；接着，她们会对每个人的发言进行投票，胜者的奖品是一小块巧克力。英德拉现在认为，就是这小小的家庭游戏和母亲的鼓励,培养了她的独立思考能力,并让她渐渐积累起了自信和对成功的渴望。

英德拉的父母比较开明,给了她很大的空间,她获得了读书的良好机会。在英德拉的少女时代,她就一直做着她自己想做的事。她是一个从小就充满热情的人,喜欢摇滚乐,喜欢打板球,敢于抛开社会成见走自己的路。她有今天的成功,不得不说是她一直执著于走自己的路所带给她的最好回报。

英德拉的学业非常优秀。1976年,她在马德拉斯教会学院获得数学、化学和物理学学士学位后,进入当时印度仅有的两所商学院之一,位于加尔各答的印度商业研究所学习MBA课程,并在毕业后就职于强生公司在印度设立的分部。没过多久,耶鲁大学管理学院的一则杂志广告吸引了英德拉的目光,一时冲动之下,她向这所世界著名大学提出了申请。令她非常惊讶的是,她被录取了,而更令她惊讶的是,向来保守的父母也同意她前往美国学习。

2004年1月,在接受《金融时报》采访时,她回忆起这段经历说:“在当时,一个受过良好教养的、保守的南部婆罗门女孩做这样的事情,简直是闻所未闻的。这可能会使她完全失去结婚的机会。”

不过英德拉向来秉持的信念是:做你自己。她抛开当时社会习俗的偏见,毫不犹豫地前往美国求学。

在耶鲁大学就读期间,英德拉过得十分拮据,她决定去找一份工作,以缓解学习所需。那是一个夏天,为了第一次面试,英德拉花50美元从廉价商店买了一套不合身的西式套装,再穿上她自己鲜艳的橘色靴子。

英德拉后来颇为幽默地回忆说,这一“彻头彻尾的土包子扮相”引得面试官们“不约而同地倒吸一口冷气”。然后她只好眼泪汪汪地跑到她的职业发展顾问那里寻求帮助。这名顾问建议她在下次面试的时候穿她的印度纱丽(纱丽,又称纱丽服,是印度、孟加拉国、尼泊尔、斯里兰卡等国妇女的一种传统服装),“假如他们不能接受穿纱丽的你,那是他们的损失,而不是你的损失”。英德拉听从了这一建议。她成功了,她穿着她的纱丽在一个非常著名的管理咨询公司获得了一个职位。在接下来的每个夏天里,英德拉都穿着纱丽去上班,开会,接受采访,她说:“这非常好,永远不必隐藏你的出身……做你自己。”

现在,英德拉常常告诫那些想要学习她成功经验的人:“不要让别人为你定义成功的概念,甚至我也不能。”如今,依旧喜欢披着印度传统纱丽的英德拉将女性职业生涯的辉煌发挥到极致。然而更多的女性则依旧在自己的职业生涯中苦苦攀爬。

她解释说:“成功不是钱、声望或者权力,因为资产净值是永远也不能说明自我价值的。真正的成功是为自己感到高兴,感到充实。而这来自于把你的时间和人生投入你最爱的一切。”

从耶鲁大学获得管理学硕士学位后,英德拉先后在波士顿咨询公司计划战略部、摩托罗拉等世界著名的跨国公司任职。在职业生涯的初期, 英德拉·努伊曾短暂地在自己的印度特色与美国商业传统之间迷惑,但是很快,她就找回了自己。

加盟百事,打破“玻璃天花板”

1994年,英德拉加入了百事公司,成为负责企业战略和发展的高级副总裁。她直接对后来成为百事首席执行官的罗杰·恩里科负责,并参与了百事公司的每一项重大战略决策。当时的百事公司正处在至关重要的转型时期。

英德拉·努伊是促成百事转型成功的关键人物之一。她一直坚定不移地主张百事公司应该甩掉苦苦支撑的连锁餐厅业务, 更好发挥产品结构优势,将市场经营重点放在核心品牌方面。时任百事首席执行官的罗杰·恩里科最初对此并不认同,但是他最终被说服了。1997年10月,百事公司做出重大战略调整,将拥有必胜客、肯德基的餐厅从公司分离出去,使之成为一家独立的上市公司,即百胜全球公司。在谈起英德拉·努伊工作上的执著时,恩里科说:“英德拉就像一条咬着骨头的狗一样固执。”

她是一名商业并购高手,摩根斯坦利饮料行业分析师安德鲁·康威说:“英德拉在并购中寻找价值的能力非常突出。”对每一次并购,她都精密策划,信心十足,她为百事做出了一系列战略决策。从1998年开始,在英德拉的参与和推动下,百事公司先后合并了世界鲜榨果汁行业排名第一的纯品康纳公司以及混合饮料业务等。

2001年,英德拉被百事公司董事会任命为董事兼首席财务官。这一年,她作为主要谈判代表,完成了百事对桂格公司的收购,其收购总金额达138亿美元,百事也一跃成为全球碳酸饮料企业的“领头羊”。

这场并购至今令人难忘。在竞购对手中,有当时的软饮老大可口可乐,有世界最大的乳品制造商达能。可口可乐的出价高出百事20亿美元,可是就在关键时刻,形势发生了戏剧性的变化。可口可乐的收购计划遭到了董事会投资人的反对。英德拉借机咬住138亿美元的价格成功得手。

“这是可口可乐近年来比较大的失误。百事双倍赢分,而可口可乐双倍输分了。”分析家说。可以看出彼时英德拉已预见到碳酸饮料的发展已经到了顶峰,而事实是2005年碳酸饮料的销量跟一般饮料持平。目前,魁克燕麦公司出品的运动型饮料佳得乐占领该市场80%的份额,其销售业绩也比收购前上涨了25%。

这一场并购更导致了软饮市场的竞争格局之变。2005年,百事的市场份额超过了可口可乐,坐上了头把交椅,在品牌价值的排行上也超过了昔日“大哥”。

世界企业界有一种流行的说法,女性职位升迁通常会碰到“玻璃天花板”。就是说,一般女性升迁到某个职位就无法再继续被提拔了。事实正是如此,因为即使是在以开放著称的美国,女性高管也十分罕见。

英德拉也同样相信确实存在着一个“玻璃天花板”,但她对这种说法持有不同的视角:“我相信确实存在着一个‘玻璃天花板’,但是它既透明又脆弱,因此你可以打破它。”

在企业界这样极其竞争压力下,英德拉主张“学而不辍”。她说,不管一个人多大年纪,知识是永无止境的,而且这些知识并不局限于书本上。她更为赞赏的是“街头智慧”。她总是时刻留心真实世界里的各种新鲜事物和话题。

即使在已经身居美国企业界要职的今天,英德拉还坚持每周至少抽出半天时间到各大超市和杂货店溜达,实地了解市场竞争。

尽管英德拉一直公开声称自己是工作狂,她也认为,生活需要保持心态轻松,“不管你做什么,你都必须要寻找乐趣。你的工作占据了大部分人生,假如你找不到乐趣,那它还有什么意义呢?”据说,她总是在百事公司里边走边哼歌,业余时间她买了台卡拉OK机在家里自娱自乐。

在业余时间,她是一名狂热的体育爱好者。她经常接连数小时沉浸在观看NBA篮球赛的录像带上,尤其是篮球巨星迈克尔·乔丹当年效力芝加哥公牛队的那些比赛。英德拉·努伊认为,这些比赛对思考商业管理也是非常有价值的,是团队合作的优秀教材。

书写一部“美国式的印度传奇”

2006年8月14日,百事可乐公司对外宣布:其首席财务官英德拉·努伊将替代史蒂夫·雷内蒙德成为百事的首席执行官。这是百事公司有史以来第一位女掌门人。在《财富》杂志500强企业中,女性CEO也只有区区

11人。

英德拉的继任早在人们的意料之中,但是这个时间却来得有些出人意料。为百事可乐立下赫赫战功的雷内蒙德突然离去,似乎过早地将这位来自印度的女红妆推上了前台。百事可乐即将成为由女性领导的市值最大公司，这一地位也决定了百事和其新掌舵人必将在未来走在聚光灯的中心。

雷内蒙德5年当政期间,给百事可乐留下了太多的辉煌,这也给后来者留下了一个看似难以逾越的高峰。在雷内蒙德时代,百事公司市值暴涨65%;2005年底百事可乐首次挤下劲敌可口可乐，成为软饮料行业市值新老大。雷内蒙德突然急流勇退的决定令华尔街颇感意外,58岁的年龄在CEO群体中正值壮年。但是雷内蒙德却表示:“我在百事公司工作了22年,我已经决定花更多时间和家人在一起。”也正是雷内蒙德这一被其称为“一生中最艰难也是最容易的决定”,成就了51岁的英德拉事业的一个新高点。

事实上,英德拉可以说是雷内蒙德的左膀右臂,因为她的坚决支持,雷内蒙德力主百事产品多样化、进入健康食品领域的战略才得以顺利执行。百事公司的发展重点已经从其旗舰产品——可乐,转移到更具发展潜力的非碳酸饮料和国际金融市场。

百事的非碳酸饮料已经占据了北美市场的23%,2006年第二财季百事的利润增长了14%。用英德拉自己的话说:“在过去的5年里,我和史蒂夫在每件事上都密切合作,无论是关于长远战略还是日常的决定。有人形容我和史蒂夫的关系为‘对方说了上半句,自己就知道下半句是什么了’。我非常自信,我们的交接工作将非常平稳。”

不过,英德拉的上任让华尔街的分析家们略感吃惊。他们原认为百事人才济济,可能需要花更多的时间来选拔新任CEO。但是英德拉绝对是个强有力的候选人,分析家们对她的就任给予了高度评价,甚至有人表示了“最高信心指数”。

“英德拉确实是个明星,而且也在雷内蒙德身边工作了好几年。”芝加哥分析家说,“在过去的5年里，百事的每个重要决定她几乎都参与了。”百事公司董事罗伯特·E.艾伦说:“我们极其幸运,能够拥有一个像英德拉这样有才干、洞察力和经验的人来掌舵。正是她帮助百事公司确定了坚实的前进方向,获得了目前的成功。”

“英德拉不仅是个智慧管理者,更是一个天才的战略家。”对英德拉的就任,来自百事的声音里充满了溢美之词,甚至将英德拉形容成百事组织结构的“首席建筑师”。

雷内蒙德也毫不吝啬他的赞赏:“在我任CEO的时间里,英德拉是一个天才的伙伴，她不仅跟我们共同预见未来，还参与了战略蓝图的绘制。”

显然,英德拉上任后最大的挑战是如何保持百事的发展势头。英德拉表示,她将更强调跨行业经营,以及提供更符合客户和零售商需求的产品。分析家认为英德拉的战略不会有太大改变,她会关注目前百事的两大支柱:第一,继续扩大美国本土以外的生意;第二,发展除了碳酸饮料以外的产品。

英德拉工作的勤奋和努力有目共睹，她形容自己对工作的态度是“咬着骨头的狗”。她总是最后一个离开办公室,关上所有的灯。在别人享受圣诞节假期的时候,她却借机学习。“如果你做一个工作,就一定要做得比别人好。”英德拉说。她总是表现得精力旺盛,甚至好像不怎么需要睡眠。她在接受一次采访时说:“如果史蒂夫凌晨4:00给我发了一封电子邮件,他能在4:01收到回复。”

英德拉·努伊几乎成了一部“美国式的印度传奇”。这名23岁以前还从来没有去过美国的印度女性，现在已经是美国企业界最显赫的人物之一,此前她已经多次登上《福布斯》杂志“美国商业界最有权势的50位女性”年度排名。在任命宣布后,这名性格鲜明的新任“可乐女王”只是谦虚地说:“我非常激动,同时也非常惶恐。”她回忆起自己的职业生涯时不无感慨:“作为一个女人,一个出生于美国国外的人,你必须比其他任何人都聪明。”

在哥伦比亚大学毕业典礼上的演讲引起争议

英德拉的确表现出很多与众不同之处。她工作作风强硬,在2003年她被《财富》杂志评为“美国最具影响力的商界女性50强”第一名时,该杂志形容她为“铁女人”。但是她也时常表现出她的印度裔女性身份——穿着纱丽出席百事的各种活动。她甚至迷恋摇滚乐,喜欢弹奏电吉他,业余时间以唱卡拉OK为乐。不过,这些还不足以表现她的特别之处。

2005年5月15日,在哥伦比亚大学商学院毕业典礼上,英德拉作为特邀嘉宾对毕业生们进行了一场主题为“全球化商业世界”的演讲。

不得不说,英德拉是个极有责任感和忧患意识的女性。在这次演讲中,她让学生们伸出自己的手,“看看你们的手,每一根手指都不一样。我们甚至都不用去分别指挥它们,它们就能很好地配合着完成任务。”英德拉说,她童年时在印度,母亲就常常指引她观察手是一个多么精巧的器官。她将5根手指比喻成世界。小指代表非洲,不是因为它的大小,而是因为它在世界舞台上的位置。从经济角度看,它确实还不如其他大洲,但是如果它受伤,整个手掌都会疼。大拇指是亚洲,强壮有力,正在成为世界经济舞台上一个主要角色。食指是欧洲,欧洲是民主的摇篮,为西方文明和法律指路,规范了全球经济运作。无名指是南美洲,因为无名指代表爱情和对另外一个人的责任。而中指是北美,特别是美国。作为最长的手指,它非常突出,中指的功能影响整个手的活动,是其他手指有效和谐工作的关键。“请允许我向澳洲和南极洲致以深深的歉

意。我对这两个洲没有任何恶意,实在是因为我们人类每只手上只会长五根手指头。”

幽默的语言让学生们哄堂大笑。英德拉在笑声中提醒在场的每一个人:“我们要牢牢记住,我们应该伸出我们的整只手,而不是竖起某一根手指……你们知道,让所有的手指一起伸直或者弯曲是多么重要,那样动作才会协调。”

英德拉的发言并非想强调美国的强大。她接着说,如果中指运用不得当,就会传达非常负面的信息。当美国插手到全球政治或者经济事件中的时候,“我们应该保证伸出去的是手,而非中指”。在演讲中,英德拉认为美国的很多行为是对其他国家“竖起了中指,上面还印着星条旗”。

英德拉的这篇用心良苦的演讲并没有让美国人买账,反而引起舆论一片哗然。多数人并不理会其中的含义,而将焦点集中在“中指”上。批评者认为英德拉一定知道中指所代表的“下流含义”,他们谴责英德拉的评论“傲慢自大”而且充满“反美”情绪。最后英德拉难顶舆论压力而被迫道歉。

在她上任之际,甚至有人旧事重提。一个网友在博客中写道:“任命英德拉是百事一个愚蠢的决定,我再也不喝百事可乐了。”这种情形,可能是一个非美国裔公众人物能遇到的最大的尴尬了。

可是,英德拉面对的尴尬还远非这么简单。就在她上任之际,印度——她的祖国,却发布了禁卖百事可乐的决定。

2006年8月初,印度一家科技和环境中心称他们从百事可乐和可口可乐的抽样中发现了高含量的杀虫剂。印度的几个省随后在学校和政府机构中禁止销售可口可乐和百事公司的软饮。虽然时隔不久——8月22日,印度卫生部长拉姆多斯就声称:抽样检测结果表明,印度境内销售的可乐等饮料中的杀虫剂含量“在可允许的范围之内”。但可以想象,“印度事件”足够让英德拉忙活了。

不过,英德拉本人的确在印度享有声誉,甚至有人专门为她建设了网站。英德拉毕业于印度的马德拉斯教会学院，获得数学、化学和物理学学士学位。23岁她来到美国，就读耶鲁大学并获管理学硕士学位。虽然英德拉在美国已经居住了27年，但是她仍然非常关心祖国的发展。她对印度改革和发展的建议，对中国企业和企业家也颇具借鉴价值。

英德拉认为印度要改变它的形象。她说："印度还是世界上最保守的国家之一。世界上其他国家的人还远远不了解印度，也不知道印度的所作所为。事实上印度给世人的印象还是相当负面的。"不得不承认的是，虽然中国已经改革开放超过30年，也仍然面对"改变形象"的问题。对此，英德拉的建议是："除非我们站在屋顶，用我们特有的方式，大声地，清晰地，频繁地告诉世界。"

英德拉在一次演讲中说，印度有很多"长处"，比如，大量能说英语的人口，正在壮大的中产阶层，越来越强的购买能力，以及民主的政府，还有在科技上的特长。当提到印度每年只有30亿美元外商直接投资，只占外商直接投向发展中国家的资金的2%时，英德拉强调了加快经济改革。"当其他国家飞速发展的时候，印度还在闲庭信步，已经没有时间再散步了。"她说。

作为百事的新任CEO，英德拉为自己定下了新的使命，这个使命就是如何让百事公司变得更加强大。

公元前7世纪，古希腊军旅诗人阿尔基洛科斯就说过一句话："狐狸知道很多事，但刺猬只知道一件大事。"后来，许多人便用狐狸和刺猬的这两种不同习性的动物来比喻两种具有不同为人处世风格的人，尤其是用来形容做学问和做领导的人。在商业领域也一样，如今的商业领导需要拥有像狐狸一样的敏捷和广泛的阅历，而不是像刺猬一样的自大。

和所有在商界取得巨大成就的女性一样，英德拉也具备"狐狸"似的战略家的共性：能令顾客和下属感到兴奋和亲切，并贯彻不同战术，确保目标顺利实现。尽管这位CEO将自己的成功简单地归因于"作为一名印度出生的女性，总是不得不比别人更努力地工作”，但她实际上是被公认为坚毅、积极向上的女性。

这也是百事选择她作为首席执行官的最核心因素之一。她可以把百事可乐引导到不同的方向，她是世界主义者，受过严格教育，也是一个战略思想家。她的背景是波士顿咨询集团，对新兴市场更感兴趣，如俄罗斯和中国，而不是在嘈杂的美国进行可乐竞争。

登临2010年《福布斯》“全球最有权势女性”榜第6位

英德拉上任伊始，百事可乐公司中国研发中心就在上海揭幕。该中心旨在结合百事全球科研力量，研究和开发更加符合中国消费者口味特点的饮料和休闲食品。研发中心科研人员来自中国各地。英德拉也专程从美国来沪参加百事中国研发中心揭幕仪式。目前，百事公司已经在中国成立了40余家合资、合作、独资企业和项目，总投资超过10亿美元。百事研发中心是百事公司在美国本土之外成立的第一家研发机构，它的成立反映了百事对中国饮料行业研发能力的认可，还标志着百事中国从先前的单一的生产、销售为主的发展策略向结合了研发、生产、管理、销售在内的多层面和全方位的市场发展策略的调整。

出任首席执行官以来，英德拉·努伊已经重组百事可乐，减少紧盯美国市场，并扩大了权力结构，增加了一倍的高级管理人，她的执行团队达到29人。她已经安排了意大利出身的马斯毛·德艾茅领导一个部门，包括麻烦的美国软饮料生意，并网罗了一个前内分泌专家负责研发。2007年，她花13亿美元收购了一家加州制造豆奶饮品及有机果汁的公司。她创造了一个座右铭：业绩与目的。这个座右铭可以主要归结为平衡利润驱动与生产健康的零食，零污染的环境以及照顾员工的关系。

2007年4月3日，刚上任百事公司CEO的英德拉·努伊来到中国，在“中国科学与人文论坛”上，和中科院的学子们一同分享了她的成功经验。她谈起成为CEO，在大学校园里应做的准备。她表示，要成为最棒的CEO，需付出很大努力；而作为领导人，必须要有非常棒的沟通技巧，并坚持不可或缺的一贯性。除此之外，还应当有勇气，“如果没有勇气，你就没有自信。作为一个领导人必须要有充分的勇气”。

她特别强调家庭的支持在其成功中扮演的角色。家庭能够造就一个人的成功，家庭能够提供更多的时间为成功做准备，家庭是一个人获得力量的源泉。她说：“35年来，如果没有家庭的支持，我不可能成为今天这样一个成功的人。”

英德拉对国际事务的熟悉，对百事公司发展业务的重要性很大。即使在最好的时候，美国市场也在放慢增长，现在最大的机会是在海外。2007年百事公司的国际业务增长了22%，3倍于美国国内的销售增长，目前占总收入的40%。而事实上，美国可能正在经历一个经济衰退时期，百事公司也可能随之进入10年来最艰难的时期。百事公司所用的主要成分价格飞涨，如玉米和食用油，加上其最新的产品，如优质高价果汁，可能会遇到消费者的阻力。与此同时，主要对手可口可乐在“整装待发”，准备重振可口可乐雄风。这家老牌可乐公司拥有很多产品，如无卡路里的可乐，这看起来对市场是一个冲击。另外，他们还新购置了维生素水生产线。

英德拉现在已近花甲之年，并没有计划为这项工作干到退休。她的朋友基辛格预测：只是时间的问题，她最终会在华盛顿找到工作，可能是一个内阁职位。在某种程度上，英德拉承认她喜欢这样的推测。在2008年初接受一次采访时，当问及有关展望时，英德拉·努伊立即兴奋起来，她说：“在百事可乐干完后，我确实希望去‘华府’。”

但是，就目前而言，摆在她面前的最大的考验是在经济不景气的情

况下,当成本增加、客户谨慎、长远和当前的可乐竞争还没有决出胜负时,如何校准她富有远见的思考。

尽管在美国生活多年并在商业管理上取得了巨大成功,但是在本质上,英德拉仍然是一名传统的东方女性。她始终认为自己事业最核心的支柱是家人、朋友和信仰,“当事情看起来灰暗而前途未卜,是你的家人、朋友和信仰帮你渡过难关……”她用印度神话里的“如愿树”来形容自己的生活:“现在需要靠我们自己来好好运用我们已经被给予的一切。”

英德拉认为一个人要想在管理层做出成绩,获取成功,必须至少具备四个要素:

第一,要有热情、能力和技巧。这些是在校园里就需要准备的,要想成功就必须付出努力。另外,沟通技巧是必不可少的,要想成为一个领导人,必须要有非常好的沟通技巧。据了解,她的沟通能力非同一般,尤其在下属面前,她说话言简意赅,却能够清晰而有条理地将意见表达出来。

第二,要有方向感。作为领导人永远知道自己的整个机构正在努力的方向是什么。要培养这样一个方向感,让你知道你永远是朝着北方的,就像一个指南针一样。

第三,要保持一贯性。领导者的决策都是一致的,这样才能让人们知道你是在一个良好的框架之下来采取相应的决策,这是决策的基础。

第四,要有自信和勇气。作为一个领导人必须要有充分的勇气。

英德拉的成功经验告诉我们:永远不必隐藏你的出身,做你自己,一个真实的有个性的自己。不要让别人为你定义成功的概念。成功不是钱、声望或者权力,因为资产净值是永远也不能说明自我价值的。真正的成功是为自己感到高兴,感到充实。而这来自于把你的时间和人生投入你最爱的一切。

2008年8月,《福布斯》杂志公布了“全球最具影响力的女性”排行榜。英德拉·努伊名列第3位。2009年9月28日,英国《金融时报》公布了“全球50大最具影响力商界女性”,英德拉·努伊排在第一位!2010年2月初,英国媒体《金融时报》评比出过去10年间50位引领或塑造了环球政治、经济、贸易、文明四个范畴的50位人物。英德拉·努伊位居经济范畴第11位。2010年10月6日,《福布斯》杂志公布了"全球最有权势女性"年度榜单,英德拉·努伊被列入第6名……

现在,睿智、傲慢且胸怀四海的英德拉已是全球商界最有影响力的女性之一。她是百事公司20世纪90年代中期掀起的彻底重塑百事公司改革计划的设计师。公司抛开了餐馆,把佳得乐、桂格收归旗下,并且创建起新的产品组合。这个组合使百事公司在预见消费者对更健康产品的需求及更具持久性的商业实践方面遥遥领先于同行。她的奋斗目标是:让百事在企业责任和经营成就方面成为21世纪全球公司的典范。

家庭是充满力量的源泉

在职业道路上,女性受到来自社会、家庭、自我的多重压力。很多女性在外表坚强之下也希望保持自身作为女性温柔可人的一面,在平衡家庭与事业的同时,往往也徘徊在传统水性温柔与现代高强度工作压力之下形成的刚强之间。也正是这种磨炼,造就了女性的韧劲。

英德拉承认身兼母亲和公司领导的双重角色确实很辛苦,"你可以有一天放下公司的角色,但是不可能放下母亲的角色,即使同时承担的时候,作为母亲依然是更重要的一部分"。丈夫是她很大的力量源泉,遇到困难时,她也会打电话到印度寻求母亲的建议。

英德拉形容百事也是她的孩子。"我不会把工作看成负担,相反它给我带来很多慰藉。"

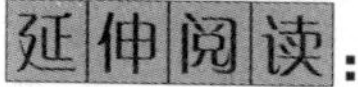

英德拉·努伊的纱丽的启示

很久以前,男性写下了商场的规则和标准。在这个依然由男人主宰的世界里,女性在职业发展的道路上会遇到更多的阻力和障碍。然而,有一种力量支撑着她们向前,走向最大限度的成功。

最大限度的成功,带来骄傲,也伴随代价。

她们的面目在不知不觉中起了变化:她们不苟言笑地下达指令,办事雷厉风行;她们对下属严厉到近乎苛刻;她们绝不允许自己失误,更不容忍任何错误;她们面部的线条日渐硬朗……

她们被贴上"女强人"的标签,她们有铁打的神经和意志,她们投入到一场消耗体力、脑力、心理、容颜与岁月的战争,像男人一样战斗。

对大多数女性领导者而言,英德拉·努伊的纱丽更像是一个启示:我们首先是女人,然后才是领导者。

其实女性未必需要模仿男性才能成功,靠女人的天分去管理,一样能够获得成功。在事业上,她们足以让男人汗颜,身为女人,她们足以让男人折腰。

她们不再以"女强人"自居,她们的新定位是"温柔杀手"。

她们的杀手锏是柔性管理。管理学者威廉·匹斯在《柔性管理者的艰巨任务》一文中提出,柔性管理意味着正直、开放、敏感,但同时也意味着必须做出艰巨的抉择,以及负责任的后续处理;柔性管理意味着必须承受做出决定后必然随之而来的考验,这也意味着为烦恼牺牲。

柔性管理的精髓在于以人为本,灵活柔软,应变能力强。其特征在于以人的管理为核心,追求全方位的优质,强调组织的柔性化,战略决策也能迅速改变,并能做出弹性预算,尽量发展新技术去完成公司预定目标。

金刚怒目不如菩萨低眉。男人们不得不承认,剑拔弩张的商场搏杀中,女性领导者往往凭借其独特的女性气质,以“四两拨千斤”的方法成为“温柔杀手”。有人用“北欧风情”来形容男性领导的处世风格——看似大大咧咧,却注重条理性,富于规划;而女性领导的处世风格则被冠以时下流行的“波希米亚风味”——强调细节,于细微处闪现新奇的创意,充满探索的意味。

可不可以将“北欧风”与“波希米亚风”混搭呢?答案当然是肯定的。混搭出来的将是一只美丽又坚强的“铁打的蝴蝶”。

“铁打的蝴蝶”具备双性优势:亲和而不失原则,注重细节而不失全局,擅长梳理而不失决断力。双性优势最突出的表现是,强势的一面会温柔地表达出来。

工作场所是个冷酷的、充满敌意的地方,这本来是男性的生存空间,因为他们从小就被灌输权力和成就的价值。女性靠模仿男性挤进了他们的生存空间,最终,靠找回自己,修炼成“铁打的蝴蝶”,在不属于自己的空间写下属于自己的规则。

第四部分

馨香四溢的

美丽传播者

可可·香奈儿：

她没有国土，却统治得比任何政治家久远

“20世纪的法国，有三个永垂不朽的名字：戴高乐、香奈儿和毕加索。”

☆人物概述

1999年美国《时代》周刊评出了100年来最具影响力的20位艺术家，可可·香奈儿醒目地排在第二位。“她没有议会与国土，却统治得比任何一位政治家永久，她做出的每个决定，都超越国界而在世界上具备法律般的效果”。

CHANEL与众不同的地方在于她——“一个女人凭借一件黑色套头衫与几串珍珠项链，就革命性地改变了时装”。

法国前文化部长马尔罗曾有过这样一段评价：“这个世纪法国将有三个名字永存，戴高乐、毕加索和可可·香奈儿。”

CHANEL(可可·香奈儿)是法国“时装女皇”,却一生向往和景仰英国贵族的风格与随性。她说:“我喜欢的所有东西都在海(英吉利海峡)的另一端。”

如果要问20年代的“时装女王”是谁,那么答案只有一个——可可·香奈儿。她超越生命极限的设计和崇尚自由,随意搭配的风格,把女性从笨拙的扭曲体型的束缚中解放出来,强调优雅简洁而容易穿着,成为现代女性衣着的革命先锋。她从男性衣柜里获取灵感,让女人像男人一样穿衣;她设计了连身式泳装,让女人的胴体第一次被太阳眷顾。在那个女性必须苍白娇弱的年代,香奈儿完成了不可能的任务。这位意志坚强、有着超凡创造力和生命力的女人,使CHANEL的名字及其两个双C字相紧扣的标志成为一种时尚和文化的象征,对注重品质的人来说,它代表着风格和地位。

她的后辈ChristianDior说:“这个女人凭借一件黑色套头毛衫与几串珍珠项链就革命性地改变了时装。”

CHANEL在商业上的成就是不容置疑的,而CHANEL的创始人或是后人也懂得在保留和延续其不受时间限制的东西的同时,引入时尚的新元素,永葆其经典、优雅和引导潮流的地位。

从头开始展现艺术天分

可可·香奈儿的一生,是闪烁着光辉的一生,充满着浪漫和传奇的色彩,没有哪位设计家像她一生那样多彩多姿。当年,她的美貌与流传的风流轶事,已足以成为西方花边新闻人物;当年人们对她的着迷不亚于今天西方女性对杰奎琳、戴安娜的迷恋。香奈儿不仅具有现代女性的美丽、诙谐、乐观、引起争论的气质,而且她勇于面对现实,有坚强

的独立心，正像她说的："诚如拿破仑所言，他的字典中没有'困难'两字，我的字典中也找不到'不成功'三个字"。一个新时代女性的形象——自由、骄傲、藐视传统，她既是建立时装王国的女强人，同时又是娇弱多情的女性，这就是她与众不同的天赋，就如同她神奇多彩的一生一样。

香奈儿生于法国南部山区，在孤儿院长大，这奠定了她强烈的反贵族意识和为劳动妇女服务的思想。

1883年8月19日，香奈儿出生于索缪，法国卢瓦尔河谷区域的一个城市。她的母亲很早就过世了。由于没有身份证明文件记载她的出身，因此，香奈儿的身世就成为一个永远的谜。在最新上映的影片《时尚先锋香奈儿》中记录的是这样的故事：12岁，母亲患上肺结核离开人世后，卖杂货的父亲以去美国赚钱为借口将她和妹妹送到孤儿院之后，就自己过起了日子。被父亲抛弃的可可·香奈儿在孤儿院生活了18年。

在奥巴辛的一所修道院里，修女要求她穿着黑色的衣服，在修道院充满回音的圆形屋顶下，做缝纫的工作。她在那里学习合宜的举止，过着几乎和修女一样朴实严谨、但也同时沉默和孤寂的生活。当外面的世界即将进入20世纪，位于科雷兹省的这个小城，时间却好像还停留在中世纪缓慢的生活节奏里。

尽管命运不公，童年不幸，但是"灰姑娘"依旧长成亭亭玉立的美人。她衣着平常，很少装饰，通常只是藏青色上装和白色衬衣，这同世纪初的"花枝招展"的世风相比，更显得别具一格，不同凡响，处处渗出解放女性的巾帼豪气。

1910年，香奈儿和一位年轻的英国人邂逅，并相爱了。他就是亚瑟·卡保，朋友们叫他"童子·卡保"，一位马球运动员，年轻的实业家。香奈儿认为"他不只英俊，而且相当优秀"，香奈儿爱卡保的一切，她曾多次说过，这是她一生唯一爱上的男人。然而，香奈儿并不满足于无所事事的生活，在卡保的资助下，她开始了她的事业。

香奈儿的事业是从“头”做起，从开设女帽店开始她不平凡的一生。她在自传中写道：“因为卡保常带我去赛马场，我注意到当时的帽子都比头小，戴上后还要别上帽针才能固定，并不实用，所以我决定设计出稍宽大而没有太繁缛装饰品的帽子。”香奈儿的女帽简洁、大方，尤其是硬草帽和圆顶狭边的钟形帽，受到她的朋友和市场的欢迎，当时波烈式的羽毛头饰和大团帽正渐渐成为过去。1910年的最后几个月，在卡保的帮助下，香奈儿在巴黎坎朋街21号开设女帽店，在仅隔几个门面的31号，便在日后成为她著名的时装沙龙，坎朋街因她而闻名了半个世纪。具有讽刺意味的是，当时她的租约上禁止她从事服装，理由是她的邻居是一位服装师。谁也无法料想，这位娇小的女子将给这个时代生活带来多么大的影响！1912年，《时装杂志》以完整篇幅刊载香奈儿的帽子，并由年轻的明星示范，使这位年轻而无名的小帽商在巴黎初露锋芒。

CHANEL时代徐徐拉开帷幕

1913年，香奈儿到法国南部的滨海胜地杜维尔开设第一家时装店。战争的阴影并不妨碍杜维尔的贵妇继续波烈式的羽饰、长裙，她们以高规格的服饰的铺张来炫耀丈夫的地位。香奈儿凭借天才的敏感，推出第一种女装款式：针织羊毛运动装，作为妇女户外活动的休闲装。

香奈儿以这种源于板球运动装的简朴造型奉献给时装界，颇遭人非议，但她无视舆论，在杜维尔常常穿着这样的羊毛衫，配上简单的褶裙，骑马散步，招摇过市，表现出她的强烈个性。她说：“要把妇女从头到脚摆脱娇饰”，她要“创造一个年轻的形象”。事实上，社会生活方式已改

变,波烈式的宽大拖沓的时髦,既不适宜更多的社会活动,也显得可笑滑稽。她用水手装和水手裤替代女长裙;她用质地薄软的内衣面料,创作出诺曼地渔夫式的套装;她往往把男装稍加修改,饰以一个恰到好处的饰针,便成为新颖的女时装。

香奈儿的创造力是具有爆炸性的，她本人的衣着举止亦为世风之源。据说,有一次天气骤冷,香奈儿借了情人的马球套衫,束了腰,卷起袖,潇洒、迷人,这种偶尔的装束竟成为时髦一时的"CHANEL"装,被人竞相模仿。战争给杜维尔带来更多的阔佬,也使CHANEL时装店扩展成大公司。香奈儿,终于闯入了法国时装界这个高傲无情的领地,她的时装和她本人一样销魂蚀骨地迷住了那个时代。

1919年,战争结束时她已是出名的时装师了。巴黎人喜欢这个苗条又有温柔嗓音的女时装设计师。香奈儿的服装坦率、自由,裙子为齐膝短裙,上衣为宽松直线形外套,不再强调胸部和臀部的曲线。她的毛呢无腰四分之三长外套,去掉花哨的装饰,简朴得像男装一样。她反对过去的高级时装像"鸽子那样挺胸凸臀","烦躁、杂乱",她主张造型线简洁、朴实、舒适自如,色彩单纯、素雅,她喜欢黑、白两色。她的两件套装,被视为经久不衰的时代风格。1920年,一家的巴黎报纸撰文道:"这是位令人惊愕的天才，她的服装富有女性美的艺术，是匠心独运的充分展示。"

香奈儿改变了时装的概念,使服装艺术真正迈入20世纪。她说:"我使时装的观念前进了四分之一世纪,我凭什么?因为我懂得如何解释自己的时代。"1920~1924年,香奈儿享誉全球,她的设计沙龙在巴黎坎朋街31号开业。这时的香奈儿已是20年代时装界的"女王",其公司是巴黎最重要的公司。

漂亮的香奈儿在创造性方面,同她的设计一样引人注目。据传,香奈儿在一次操作加热炉时,炉子突然爆炸而烧灼了她的头发,她机敏而毫不犹豫地用指甲剪修剪了剩下的头发，成了一种可爱的新型短发。尽管当时贵妇仍不能容忍短发，但短发终究成为20年代流行的柏卜短发型。长期以来，白皙肤色总被视为显贵象征，由于香奈儿经常在海上游玩，她将晒黑的皮肤变成时髦肤色，从而一反过去崇尚细白肤色的传统审美观。香奈儿的性格自由、开朗，年轻时就得到一个可爱的绰号“Coco”，Coco已成法国家喻户晓的名字，人们反而不记得她本来的名字。谁也无法预料，这位出身卑微的Coco，竟成为时尚的领袖。

带着"高级的穷相"闯进新世纪

当然，香奈儿也曾屡遭批评。有文撰文讥讽她创造了一种“高级的穷相”，“从前，女人富有立体感，像是船首，非常华美，而现在，她们像是营养不良的电报打字员”。

1931年，香奈儿应邀赴美国好莱坞设计服装，在《永驻今宵》等电影里，她的设计大获成功。尽管美国明星目空一切，香奈儿设计的套装却成了美国职业女性的标准服饰，至今都成为女性独立、自尊、自强的象征。

不过，到了20世纪30年代，香奈儿不得不承认另一位女设计家夏帕瑞丽造成的威胁。狂嚣的20年代已结束，社会正步入一个迷惘的历史时期。对黑色的狂迷开始消失，富丽又成追求的目标。夏帕瑞丽的巴洛克风和艳丽色彩，夺走了不少顾客。但四十多岁的香奈儿没有却步，她用高雅白色系列，同夏帕瑞丽的设计对抗，1938年，香奈儿的盛名达到顶点。

如果说香奈儿的时装被讥讽为“高级的穷相”的话，那恰恰证明，她是第一个真正理解了那个世纪变化的人。第一次世界大战改变了世界，史学家称之为“现代世界史的起点”，它意味着新纪元的到来。战后资本主义经济的复苏与文化的繁荣，把20世纪20年代推向一个令人刺激、狂乱的年代。香奈儿天才的秘诀就在于她把握住了这个时代的脉搏。诚如她所言：“某一个世界即将消逝的同时，另一个世界也正在诞生，我就在那个新的世界。机会已经来临了，而我也掌握住了，我和这个新世纪同时诞生。”她骄傲地称：“我是第一个生活在这个世纪里的人。”战后的巴黎，不再犹豫，服装简洁了，裙子短了，发式短了，香奈儿的运动衫、项链和色彩，改变了沃斯开创的高级时装，展示了这种“高级的穷相”或曰“豪华的贫穷”，这恰是20世纪20年代的典型风格。

ChanelN° 5香水足以流芳百世

在CHANEL庞大的产品家族中，除了时装，另一个可以代表这个品牌形象的便是香水。人们一提起香奈儿，首先想到的就是流芳百世的ChanelN°5。

1921年5月，当香水创作帅呈现给香奈儿女士多种的香水选择，香奈儿女士几乎毫不犹豫地选出了第五款，之后成为香奈儿五号香水。

“5”是香奈儿女士的幸运数字，当时她在众多香水样品中，选择了第5支香水。她说：“这就是我要的。一种截然不同于以往的香水，一种女人的香水，一位气味香浓、令人难忘的女人。”但这种有意的对数字的迷信很有可能让她错过了真正的好香水。

香奈儿女士对香水的理念是：“香水要强烈得像一记耳光那样令人难忘。”以这个概念来看香奈儿5号，她是成功的。香奈儿5号采用多种高级香精与乙酸酯混合而成，在当时还没有人敢于挑战合成香水，也的确叫人耳目一新。它的气味浓烈，像足了一记耳光，也因此一些女士无法心仪这款香水，但这并不能阻止它成为世界十大香水之一的名气。“我只带着香奈儿5号入睡”，是玛丽莲·梦露曾说过的很著名的一句话。

香奈儿5号的方形瓶子，简洁、干净，集中体现了香奈儿的设计风格。这是她一生中重要的事件之一，五号香水使她名声大振，这是全世界最为闻名的香水。她对香水名称和容器造型的设计上一切从简，表现了她对过分渲染的东方罗曼蒂克的反抗。方形瓶和波烈的扁圆瓶，代表了两种个性，或者说两种时代的审美趣味。

从严谨到简单的艺术调配

“是艺术家们让我知道了什么是严谨”，从这句话中，诞生了香奈儿的另一风格：极致完美的线条和不容分毫误差的准确。

严谨，表现在对使用者的贴合。香奈儿会在高级定制服工作坊里在模特身上直接进行创作，最高级的一件香奈儿成衣，前片和后片加起来共有50多个裁片。1921年，她在自己的精品店内特别开辟了一间“运动服饰工作室”，并雇有一名专职试穿的体育模特。为了使廓形更完整，香奈儿提出了后来被美国媒体称为“整体造型”的概念，即服饰整体搭配给人瞬间留下清晰印象，而配饰为服装画上点睛之笔，达到完美平衡。

香奈儿强调细节的用意与准确。在与骑兵队军官艾提安·巴勒松交往时，她开始了解赛马，并注意到马夫们大都穿着非常保暖的服装，而这些衣服的菱格纹车线与马背上的垫子如出一辙，既松软舒适，又结实不变形。50年后，香奈儿推出了经典的2.55手袋，它的耐用性正得益于菱格纹车线的运用。另外一件表现细节力量的作品是经典鞋子“双色

鞋”:鞋头为黑色,鞋身为米色。穿上以后,不仅视觉上会使双腿变长,粗心的女士也可以随意活动,不用再担心会踢脏鞋头。

准确的结果之一是简单。曾与香奈儿堕入爱河的西敏公爵,常年穿同样的衣服,一件西服外套穿了25年。这个当年英格兰最富有的男人教会了她如何恰到好处地展现优雅和奢侈。她说,“奢侈是那些不被看见的东西”,“奢侈的反面不是贫穷,而是庸俗”。类似的态度也体现在她对待珠宝的态度上:“重要的不是克拉,而是一种幻想。”她曾经推动人造珠宝的工艺,又将自己那些昂贵的天然珠宝混入玻璃赝品之中。

“可见”,“不可见”,香奈儿有将它们微妙地调配在一起的魔力。就像她在自己身上混杂的那些勇敢、谨慎、活力和羞怯。

1928年,香奈儿在法国南部建起了自己的度假别墅。在拍摄于那里的照片中,可以看到香奈儿在自己家的树上爬来爬去。这个来自乡村的女人对自然倍感亲近,对颜色、嗅觉也有着不同于城市小姐的敏感。

与西敏公爵交往时,香奈儿时常在公爵的领地上散步,欣赏英国乡间景色,各种斜纹软呢也就此反映出她所热爱的乡间色调。她习惯在漫步时构思,沿路拾起青苔、树枝和泥土,交给自己的斜纹软呢制造商。在这些温暖的棕色、栗色中,她有时会加入点红色或紫色,使色调更为饱满。正像她所钟爱的米色,同样是从杜维埃海滩退潮后湿沙的颜色而来。

香奈儿对羊毛制品的要求与当时的流行品位大相径庭。在当时的法国纺织工程师眼中,苏格兰呢料是次等货,而对她来说,羊毛制品的“小瑕疵”——比如苏格兰斜纹软呢所特有的粗颗粒质感——正是她想要的。香奈儿偏好粗纺,并要求漂洗次数不宜过多,以免损害羊毛的柔软。她甚至声称,只要用手轻轻一摸,就能辨别出这块料子是否在特威德河漂洗过。斜纹软呢的原文“Tweed”正来自于这条河的名称。

自然的背后，是自由。那正是香奈儿作为女人和朋友的迷人之处。

她不喜欢被束缚，不喜欢使女性苗条灵活的身体“动物化”。她不断剪短头发，让衣服简洁舒适。她不断制造各类奢侈品，攫走顾客的金钱，却同时提醒他们质疑金钱的意义。“金钱最终不过是经济独立的象征。对我来说，金钱之所以能吸引我，只是因为它满足了我的虚荣心。我并不是需要用钱去买什么东西，我从未渴求过什么，除了温柔。我需要购买的只是自由，我会不惜一切代价买下它。”她说。

而在记者弗朗索瓦斯·吉胡的笔下，当老去的香奈儿看见大明星玛琳·黛德丽对着镜头试图掩盖下垂的下巴时，立刻不讲情面地提醒：“这么做干什么？过了45岁，大家都老了。男人也不例外，只不过是女人风度好，没有告诉他们，其实他们已经满脸皱纹，头也秃了。过了45岁，重要的是这里还有些东西（指着自己的头和心）。心智衰老，我们才是真的老了，在百无聊赖中萎缩、衰老、死去。”

时尚就是简单的生活

1922年，一幅名为《两名在沙滩上奔跑的女子》的水粉画中，毕加索以大海为背景，描绘了两名半裸的女子在自由欢乐地奔跑，双臂高举。这幅画是“生活之乐”一词的代表——“一种做回自我时的宁静愉悦，一种自主的、放松的享受，一种原始的乐趣”。

香奈儿总是充满精力，常常穿着运动装，“我创作运动服饰是为了自己，并不是为了其他女性，因为我本身热爱运动”。她喜爱长距离骑马、打网球和在山中徒步旅行，喜欢躺在草地上舒展双臂，呼吸新鲜空气。她喜爱日光浴，公然展示自己晒黑的皮肤——而在那之前，被晒黑的皮肤是专属工人阶级的象征。

这使得香奈儿设计的服饰始终以柔软和舒适为先，从而为穿着者带来更大自由。在她看来，“服装的优雅，首先在于行动的自由”。

香奈儿曾说：“时尚就是简单的生活。”一天早上，她的合作伙伴莉露·哥巴赫在一个市场上听见小贩以50法郎的价格叫卖香奈儿服装。“卖得那叫一个快，就跟卖菜似的”，莉露气呼呼地买回一件白粗布“香奈儿”，上边还有拉菲草编的饰带。事情的结果是，香奈儿马上受到启发，开始在自己的服装上使用此种装饰了。

香奈儿的生活很难称得上简单，但爱的冷暖、人生的喜悲，始终是共通的。

1920年，香奈儿结识了“性格中满是冲动与对立，既浪漫又神秘”的俄国流亡贵族狄米崔大公。在她看来，“整个西方都应该臣服于‘斯拉夫魅力’之下。这一定要亲身体验一番才知道。斯拉夫人都是那样的自然而又与众不同，即使是其中最卑微的，也绝不平凡”。束腰上装、借鉴军服式样的皮草长大衣、俄罗斯传统的刺绣长罩衫，以及非凡的东方刺绣都是源自这场恋爱的记忆。

1923年的圣诞，香奈儿结识了英国西敏公爵，两人一起度过了六七年美好时光。他们享受着简单的快乐：英国乡间的远足，苏格兰湖畔的垂钓、狩猎还有游艇出游。香奈儿开始穿起英式风格的粗毛线衫。出海时，她的穿着就像是直接从西敏公爵的衣橱里拿出来的一样：斜纹软呢外套、长款羊绒开襟衫、长裤、短靴，再加上一顶直压到耳际的帽子。

英国式的淡然、法国式的内敛以及俄罗斯式的华丽……虽然恋情都未收获俗常的结果，但源自它们的记忆却不断在不同时代、不同女人身上流转。也许所有动人之美都源于充满爱意的观察，就像看到白色山茶花时，总能让人想起西敏公爵给香奈儿种下的一温室四季开放的山茶花。

香奈儿的服饰设计中充满源自个人经历的抽象符号：羽毛可以追溯至她在奥巴辛修道院接受的宗教熏陶以及来自剧作家尚·考克多的启发，马匹则是对她初入上流社会时开始对赛马产生兴趣的记录……香奈儿的簇拥者所追求的也许不仅是这一奢侈品的响亮名称，也是与品牌创建人独特、神秘个性的贴近。

加斯东·博纳尔是香奈儿雇请的一位传记作家。他有过这样的论断：“与其说香奈儿是巴黎的名人，不如说她更像是一位宗教派的奠基人。”

在高级定制服装方面，香奈儿坚持在模特身上直接进行设计和修订。套装、帽子和香烟是她在工作中的标准配置。

严谨并非意味着吹毛求疵，而是体现着对身体，进而是对穿着者的关怀及尊重。香奈儿曾说：“我一直是干什么都充满激情。你们是不是不明白我为什么总是执意要坚持上肩上到位？因为女人的肩膀很圆，而且有点前倾，这样的肩膀最让我动心。我说过：绝不能忽视它。(衣服)总得能让人随便动弹吧，总不能稍微一动衣服就跟着往上耸吧。总得让人弯得下腰吧。总得让人打得了高尔夫吧。我甚至觉得穿我的衣服应该可以骑马才行。显然，我说的这些对现在那些做衣服的人来说简直就像天书一样难以理解。他们只想哗众取宠。”

香奈儿被骑兵队军官巴勒松引领进入骑术的世界。在观看赛马比赛的过程中，她发现自己在当时最漂亮、风头最劲的交际花中是如此独特，也观察到马厩的马夫和伙计们所穿衣服的菱格纹车线与马背上的垫子如出一辙，既松软舒适，又结实不变形。这都在日后给她带来了无尽的灵感。

香奈儿曾雇用多个传记作家为自己撰写回忆录，却都未能终卷，因为一旦涉及她的出身、童年和青年时期，作家都无法从她的闪烁其辞中理出真相。

香奈儿后半生住在巴黎丽兹酒店的客房里，拥有大把时间。但这位热爱创造名言警句的女士却最终没能完成一本关于自己的诚实记录。

她曾说："如果有什么事让谁都不感兴趣，那准是某人的一生。要是让我来写我的一生，我就从今天，不，从明天写起。先要对书中人所处的时代提出些见解，这才是最合适、新鲜、好玩的。"

七十岁时成功复出，再铸辉煌

1939年9月，因第二次世界大战爆发，香奈儿关闭了她的时装店，隐居在她的寓所。战争结束后，她悄悄地离开巴黎，默默无闻地在瑞士度过了八年自我放逐生活。

1953年她回到巴黎，重操旧业，开始了她第二时期的设计生涯，这时她已经是七十老妪了。当时时装界的巨星迪奥正以他轰动一时的"新造型"服装成功地控制着欧美大陆。香奈儿回来干什么？人们都在注视着，因为她已被法国人视作法国的纪念物。人们竞相打赌，她的店不可能维持多久。

1954年2月5日，在没有多少的喝彩声中，她郑重发布了CHANEL战后复出的第一个时装系列。巴黎新闻界的反应是冷淡的，甚至是刻薄的。她的名字是辉煌的，但她的声望已成过去。复出的惨败并没有使她退却，发布会后，她立即着手下一个系列。这时美国市场向她敞开大门，她的设计虽然是直线造型的继续，但依然获得了妇女们的青睐。香奈儿又一次在法兰西获得成功。在"迷你裙"盛行期间，香奈儿仍坚持她自己的风格，绝不提高下摆。她没有戏剧性的长短变化，但有一种令人尊敬信赖的精巧和理解。这阶段的主要设计是令人难忘的两件套装，无领茄克和镶边装饰，手感柔软的格子呢，配上数串珠子项链，以及黑、棕色的浅口皮鞋。她又成为巴黎崇拜的对象，每个妇女都喜欢CHANEL装，她的套装被成批生产，也被大量仿制。她的创新、天赋、魅力、意志都给这个时代巨大影响，这种影响一直延续到今天的时装界，伊夫·圣·洛朗、卡尔·拉格菲尔、森英惠等设计家都曾受到了她的深刻影响。香奈儿复出的成功，战胜了年龄和怯懦，这是时装设计家中绝无仅有的，是她传奇一生中最富有光辉的晚年。

1971年1月10日，香奈儿独自为即将到来的时装发布会工作到很晚很晚，凌晨时服用了安眠药，她睡了，却从此再也没有醒来。她穿着喜欢的套装，戴着项链，带着她的机智和俏皮，偃然长逝了，结束了她传奇的一生，终年八十八岁。她一个人悄悄地离去了，没有人停下来询问。没有人听到她是否呼救，她不喜欢孤独，却不得不孤独地度过了余生。她曾是那么的显赫，她的临终又是那么的平淡。

人们常常问，她为什么终生不嫁，何况有那么多的机会？对此她曾耸耸肩，俏皮地回答："大概因为我没有找到一个能和'Coco Chanel'媲美的漂亮名字。"被香奈儿拒绝的求婚者不计其数。他们中绝大多数来自豪门贵族，不但地位显赫，对香奈儿更是一往情深。就连著名的威斯敏斯特公爵也是她的追求者之一。当然，公爵最终也没能如愿。有一次，他伤心地问香奈儿："对你来说，难道连威斯敏斯特公爵夫人这个头衔也不够好吗？""亲爱的，你要知道，"香奈儿微笑着说，"地球上有很多公爵夫人，但只有一个可可·香奈儿。"她这句话，后来成了香奈儿公司著名的宣传语。

关于可可·香奈儿的背景和事迹有很多，我们可以从坊间的时装报道以及关于她的电影中了解她的传奇一生。自1971年她在巴黎丽池酒店寓所因心脏病去世至今，时装界仍然不断提起她的故事，女士们依然对她的香奈尔五号香水不离不弃。

延伸阅读：

一生只爱一次的香奈儿

像很多的文化偶像一样，以我们大多数人所拥戴的那种“恋爱——结婚——生子”的婚姻标准看来，香奈儿的爱情生活多少显得有些不完整。她一生只爱过一次，并且从未结婚。尽管能够结婚并不能保证你就理解了爱与被爱之间的错综复杂关系，但没法做出最终的厮守承诺，还是会意味着你从未成功加入过婚姻职业大联盟之列。

香奈儿说：“我不喜欢葡萄柚和那些在棉花包裹下成熟的东西。吃水果就该吃当季的水果。”嗯，她的爱情哲学观与此类似。

也许，那个爱看浪漫小说的香奈儿是渴望结婚的，但是在她性格构成的饼状图中，这种渴望比起她性格中的另一部分简直是微不足道——这个部分让她指挥着56家工作室中的2400名女领班，每年推出两个新成衣系列，建立起一个香水王国，创造了“装饰珠宝”的概念，学会了用假蝇钓鱼和饲养纯种马，并且在任何时候看起来都甚为动人。香奈儿曾经说过，“有人结婚是为了安全感和名望，但我对那些东西完全没兴趣”。她之所以对那些都不感兴趣，就是因为她已经拥有了那些东西。这就让她只会为爱而爱。例如，让她站在“浪漫情事”地图中那标明是已知世界尽头的地方（上面还标注着：“恶龙出没！危险！”）。

香奈儿曾有过一段美妙的爱情——美妙得让她自认为自己非常幸运。大约在1905年前后，香奈儿遇到了鲍伊·卡柏，那时她已经在“皇家地”生活了几年了。当卡柏这位生气勃勃的英国马球玩家(同时也是巴勒松的故友)某天去探视他的马匹时，他立即就被香奈儿的魅力击倒了。这和对香奈儿的雄心不闻不问的巴勒松完全不同——巴勒松不是已经给她那有趣的帽子生意足够多的支持了吗？但卡柏会用心聆听她说的话，他为她而着迷。卡柏是个通晓人情世故的人，作为来自纽卡尔斯的工业家，他通过出口煤炭小赚了一笔财富，而在一战期间，由于给盟军供应燃料，他会赚更多的钱。

巴勒松的朋友们以及其余一众土地贵族，都觉得卡柏这个像热爱玩乐一样热爱工作的人甚为古怪。他英俊而富有魅力，不若众多在照片上看起来还不如平日里吸引人的历史名人（他们上镜时不是太肥就是太瘦，又或者是斜乜着镜头的眼光过于严厉，所以极为需要一位形象指导），照片中的卡柏发色深沉、肌肉强壮，显得相当性感迷人，会让人想起柯林·法瑞尔或是电影《赎罪》中的詹姆斯·麦卡沃伊(把这点说清楚很有必要，因为麦卡沃伊在《纳尼亚传奇：狮王、女巫和魔衣橱》中饰演的人羊杜纳先生真是“好”得令人毛骨悚然)。

根据香奈儿传说，某个晚上在“皇家地”的客厅里，香奈儿放弃了巴勒松转向卡柏。当时他们三人正在享用波尔图葡萄酒，在酒精的作用和卡柏的关注之下，香奈儿鼓起勇气提出了要开一家女士精品店。那时她已经在巴勒松位于巴黎的公寓里制作和售卖帽子了，但她想扩张她的生意。巴勒松在翻白眼，对香奈儿不满足于自己已有的东西，他已感到非常厌倦了。卡柏则在责备巴勒松，争辩说香奈儿才华横溢、头脑敏锐，说她有能力让一门生意兴盛起来。他已经堕入爱河了。

香奈儿的这次转向是以一种算是温和有礼的法国方式来实现。有些版本说，巴勒松是在他的两匹马在切姆伯雷赢得比赛之后对她失去兴趣的，并且他还因此感觉心情开朗；还有些版本说，巴勒松突然觉得自己有必要为了某些马球方面的事情亲自去一趟阿根廷，而当他离开的时候，香奈儿就和卡柏一起去了巴黎(在这个版本里，巴勒松象征性地送了一袋柠檬给香奈儿，而当她打开袋子的时候，里面的柠檬都坏掉了)。

而在香奈儿自己对这些事情的描述中，完全没有所谓的在酒精催动下的交换。相反，在她的版本里，巴勒松希望能帮她解闷，于是邀她前往波城(那是西班牙边境附近的比利牛斯山脉上的一片高原草地)猎狐。就在那里，她疯狂地爱上了卡柏——那时的卡柏穿着红色猎装夹克，骑在他那匹活蹦乱跳的阿拉伯纯种马上，意气风发。卡柏亦同样为她疯狂。他们在狩猎期间会不停地偷溜出去，一起骑马在翠绿的山丘上飞驰，跃马冲过溪流，当然了，还一起堕入爱河。这次旅程的结尾，在得知卡柏的火车离开车站的时刻之后，香奈儿在尚不清楚卡柏是否会接受她时，丢下一切去到车站等待卡柏。当他看到她的时候，他张开双臂来迎接她，他们终于融为一体。

这对年轻的恋人一起到了巴黎，他们安静地住在优雅的嘉伯丽大街上，离著名的香榭丽舍田园大道不远。在香奈儿的生命中，她第一次栖居于爱的小屋中，在这个几近神话的地方，一切颜色都更明艳，一切菜肴都更美味，人们都更有趣，而且活着本身就已经足够美妙了。

她终于找到了一个不但被她的非比寻常美态吸引而且还为她的敏慧而折服的男人，在他眼里，她可不仅仅是个小情人。而他则找到了一个让他迷醉的女人：她热烈、有趣，并且具有贵族气质(就如我们会看到的那样，他着实迷恋贵族气质)。

卡柏工作勤奋，但到了夜晚，他就会带着香奈儿去歌剧院和豪华餐厅。香奈儿倾倒众生却颇为羞涩。没错，香奈儿在将来会成为巴黎时尚在全球的象征，但在27岁的年纪，她仍然是一个来自偏远地区的孤儿，靠着为出身贵族的男人打理纯种马，以及一些甜美、出众的帽子而一举成名。

那时香奈儿并没有立即在坎朋街开设她的店子。尽管卡柏非常相信她的眼界和才华，但是他却在忙于为自己累积财富，让COCO整整一年都待在公寓里打磨自己的指甲。最后，当他意识到她对制帽的厌倦会危及他们的快乐之时，他终于采取行动资助她开设商店了。他告诉自己的朋友伊丽莎白·德·格拉蒙说,“让两颗心同步跳动并不难,但让带着不同手表的两只手协调一致就是另外一回事了”。

1910年时,香奈儿精品店在坎朋街21号开张。到了1912年时,COCO开始售卖针织套衫、裙子和少量连衣裙。社交名媛苏珊娜·奥兰迪是首个穿上香奈儿独创衣服的女性——那是一件黑色丝绒长裙,有着一个简洁、纯白的花瓣式领子。到了1913年夏天,卡柏又资助香奈儿在多维尔开设她的商店。

当时的一位漫画家画了一幅画,画中的香奈儿穿着粉色长裙,手臂肘部上一个绿白条纹相间的帽盒晃荡着,卡柏——他被画成一个穿着黑色马球背心的半人马形象——正拥着香奈儿,拿出她的一顶别致的帽子,尝试让它在马球棍上保持平衡。他们就是那个时代的布拉德·皮特和安吉丽娜·朱莉,只是没有那一大堆孩子而已。

他们会否从此就结合在一起幸福快乐地生活呢?卡柏是个热情高涨的花花公子,但香奈儿却并不善妒。她认为他那种四处鬼混的行为不过是一种用以伪装自己的习惯,与狂热地喜欢咬手指这种行为不相伯仲。她倾慕他,不但将他看作情人,还将他看作家人。

两人关系的终结甚富“莎士比亚”色彩:她一开始盈利就立即把钱还给了他。她是情不自禁地,她善于经营的本能直觉压倒了其他直觉,包括这样一种直觉,本应该告诉她——大部分传统的男人需要那些需要男人帮助的女人。她把现金交到他手上的那天,她说:“当我不再需要你的时候,我就知道我是真的爱你。”他一开始的反应是猜忌,但随着时间流逝,就在他们两人都对此无甚察觉的时候,他们的关系开始倒退。他忙于工作,她也忙于工作。

卡柏的行动总是为其野心抱负而服务。尽管他深爱着香奈儿和她所做的一切,但他需要一位更传统的妻子来巩固他的地位,他想要在上流贵族社会取得一席之地,就只能是娶一位贵族的女儿。

1918年夏天,卡柏和年轻、沉闷(以香奈儿的标准看来)的戴安娜·

李斯特·韦德订婚。流言飞语说，香奈儿在意识到卡柏永远都不可能娶她的时候，她推动他和一个能助他完成抱负却不会让他真正动心的、毫无威胁的女孩订婚。在卡柏的婚礼之后，香奈儿和卡柏还是会继续见面。

1919年圣诞节前的几天，在卡柏从巴黎前往戛纳的路上，他的新车(在他的朋友圈里，他是第一个拥有这车的人)上的轮胎爆了，他因此丧命。卡柏和香奈儿两人共同的朋友在半夜时分找到香奈儿，并告诉她这个消息。香奈儿于是穿好衣服出门叫车。她的直觉总是来自她的触觉，她需要触摸到某些东西来确认事情。车祸就发生在从圣拉斐尔出发的路上，当香奈儿和她的司机到达车祸现场的时候，太阳正从德拉海滩附近升起。没人动过车祸现场，香奈儿从自己的车里下来，双手放在挡泥板上，然后，她坐下来哭泣。

自卡柏死后，香奈儿要求别人用黑色织物来包裹她卧室里的家具，她还买来黑色的床单铺在床上，买来黑色的窗帘挂在窗上。她决心要尽可能地让自己全身心都在悼念卡柏。但是房子的装修完成之后，她就发现她根本不可能在这样一个压抑的地方入眠。最终，她的骨子里就是个讲究实际的农民，全黑的房间实在是过火而令人情绪极差。于是她让她的男管家约瑟夫将她的床搬到另一个房间去。

其实戴安娜·韦德才是卡柏名正言顺的遗孀，但是香奈儿自感她也是遗孀之一。卡柏不但爱她，而且在其他任何人都不相信她的才华之时给她信任。香奈儿应该成为一个现代女性，但是，她是一个特殊时代的产物，这个时代让女人只能有两种选择：要么成为人妻，要么成为娼妓。卡柏不但把她当成一个女人那样去爱，他还把她当作一个有能力的女人来爱。他投资在她身上，并且足够地尊重她，能做到在她归还他的投资款项之时把钱收下来。她此后将不会再遇到与他类似的人了。为了安慰自己，香奈儿让卡柏太太(她后来再婚并成为威斯特摩兰伯爵夫人)成了自己的顾客。

此后，香奈儿对爱情的态度转变了。她依然热烈地谈情论爱，毕竟这是她作为法国女性所信奉的信条，但是对她来说，男人在某种程度上已经成为了一种爱好，就和赛马差不多。他们能吸引她的注意力，他们能取悦她，他们能给她做伴，但是，她再也没有体验过那种犹如跳伞一般让人心跳加速的爱情。

玫琳凯·艾施：

退休以后成富豪的传奇女人

她以5000美元起家，创造了目前年销售额超过25亿美元，拥有75万名美容顾问，业务发展到36个国家的跨国集团。她的管理如同她的名字——玫琳凯，一个美丽的名字，创造的也正是跟美丽有关的事业。

☆人物概述

玫琳凯，一个美丽的名字，创造的也正是跟美丽有关的事业。在她的手上，诞生了世界著名的化妆品公司——玫琳凯公司。从最初的小店面，到现在已经将业务拓展到37个国家，销售组织高达75万个，2000年的销售额达到130亿美元的大公司，这是她45岁开始创业的结果。这样一个不平凡的女子，她的传奇和毅力已经永远镌刻在人类的历史之上了。

玫琳凯通过富有感性的管理和逐步深入的培训，发挥美容顾问潜在的能力，她以不断的鼓励来提升女性的自尊和自信，为此玫琳凯公司被称为女性的“梦想公司”，并获得国际上不同妇女组织的多次奖励。

2000年美国终身线上网站票选结果，玫琳凯·艾施女士荣获“20世纪商业界最具影响力女性”殊荣。

美国《福布斯》杂志评选出200年来20位全球企业界最具传奇色彩并获得巨大成功的人物，而她是其中唯一的女性。

1999年，和居里夫人、特丽莎嬷嬷一起被评为20世纪最有影响的妇女。

1994年，玫琳凯公司入选《财富》杂志“美国最受尊敬的公司”。

1996年，玫琳凯销售队伍被《销售与市场管理》杂志认可为“全美最佳的25个销售队伍”之一。

2011年9月15日，美国著名杂志《福布斯》发布了2011年消费者最忠实的百大品牌，玫琳凯位居第十，成为前十名中唯一的护肤品品牌，整体排名比2010年提升了十个名次。

5000美元起家的离婚女人

1918年5月12日，在得克萨斯州的霍特韦尔斯镇，一个名叫玫琳凯的女婴呱呱坠地。由于毗邻铁路，霍特韦尔斯在当时算得上是一个繁华的镇，但是住在这个镇上的玫琳凯一家却生活得十分窘迫。更为不幸的是，随着时间的流逝，这个原本繁华的小镇日渐衰落，镇上几乎已经没

有赚钱的机会了，这对原本就穷困的玫琳凯一家来说犹如雪上加霜。为了生活，他们全家搬到了休斯敦，当时那里只是一个人口不足15万的简陋小城。

然而，这次搬迁并没有真正改善玫琳凯一家的生活状况。她的父亲由于患肺结核而长年卧病在床，母亲便挑起了照顾全家人的重担，母亲一天至少要在餐馆里工作14个小时。因此懂事的玫琳凯从小便学会了帮助家里做自己力所能及的所有事情——如何操持家务以及照顾父亲。

尽管玫琳凯的母亲每天早出晚归，疲于奔命，但由于是女性，她的微薄收入根本无法承担一家人的生活开支。那时，玫琳凯所能做的就是更勤快，做更多家务，尽量减轻母亲的负担。

母亲对生活非常乐观，几乎在所有的事情上都给她鼓励，从学校的功课到课余时间卖小零食赚钱，"你能行"是妈妈最常说的一句话。这种自信一直陪伴了玫琳凯的一生。

玫琳凯以全A的成绩成为学校的优等生典型，她对所做的每件事都力争做好。她想像母亲一样，成为一名护士或医生，实际上，她在结婚后在医学校上了一学期，当丈夫遗弃她与另一女人结婚后，她不得不退学工作。高中毕业后，母亲那小餐厅经营的微薄收入无法供她上大学，一向野心勃勃的玫琳凯退而求其次，与一位电台歌手本·罗杰斯相遇并结婚，她称他是"豪斯顿的阿尔维斯·普莱斯列"。从17岁起，她便在母亲的餐馆当女招待，等待着本一举成名。在与本的8年婚姻生活中，她生了三个孩子。当他遗弃她后，她别无选择，只有去找适合自己才能并能养家糊口的工作，看来只有当代销员，这样她能顾家，并供孩子上学。

一个儿童心理学书籍销售商来到玫琳凯家中，推销一些儿童百科全书。艾施付不起昂贵的价格，但又极想要，便问那人如何能以其他方式买下。那位妇女文达·布莱克告诉玫琳凯，如果她能找到另外10位买主，可以免费得到一本书。玫琳凯不知道这件事有多么困难，她在一天半内卖掉了10本书,这相当于公司出色的销售人员3个月的定额指标。当时玫琳凯没有车,只能凭借双腿和电话来完成这项艰苦的任务,她是凭借自己的动力和口音来实现这件不可能之事的。布莱克赏识她的才能,立即给了她一份工作。布莱克成为她的第一位老板和经商老师。玫琳凯步入了直销的成功生涯。对直销商来说,激励机制是至关重要的,而信心和工作热情更是成功必不可少的条件。

玫琳凯从斯坦利家用品百科全书推销中毕业。推销是仅有的几份使三个孩子的母亲既能干事、又不至于完全打乱家庭生活的工作之一。由于是直接代理推销员,这份工作能让她有时间安排的机动性。这是1938年,这时玫琳凯便无意识地印下了30年后成为世界最大销售组织创建人的角色形象。在大萧条时期,她还在从事销售代理——这是她那股冲劲的早期标志。她没有受过正规的教育,没有预备的销售经验,而大萧条时收入宽裕者也廖廖无几。

由于她的竞争天性,玫琳凯成为十分成功的推销员。她说:“我是个进入每次销售竞赛的迫不得已的竞争者。当我赢得首场竞赛,我一下子明白,这首份奖赏犹如比目鱼灯源——让鱼儿纷纷上钩。我立刻下决心,一旦我拥有一家公司,要做的第一件事是绝不提供鱼儿上钩的光源。”玫琳凯的第一任丈夫是夏威夷鼓手乐队的西部歌手,战争期间他与另一女人结婚,给玫琳凯留下了三个孩子,当时孩子都不到8岁。玫琳凯说:“我是这些孩子的唯一依靠,而那时还没有日托。”

玫琳凯突然从事斯坦利家用品公司的工作,生活所迫推动她成为出色的销售人员。她赢得了许多销售奖金,步步在公司阶梯上爬升。在升级的征途中,她也发现多次被那些才能和知识不如自己的男人越过,她忘不了这种经历。当被告知男人“有家庭负担”时激怒了她,“看来在男人领导的公司中,女人头脑只值一半价钱”。艾施这种同工不同酬的反面经历使她难以忘怀,在以后成为她创立自己公司的一个构件。

一天晚上,在参加达拉斯穷人区的一个家庭舞会时,玫琳凯遇到了

一个妇女,她的产品使玫琳凯得以在以后着手自己的公司。这位妇女是化妆品专家,皮肤之细腻令玫琳凯闻所未闻。玫琳凯以为这位化妆品专家的妇女有养颜秘方，却惊讶地了解到这位妇女所用的护肤品来自她的父亲。她父亲是制革匠,他发现自己手上的皮肤远比脸上的细嫩,他开始将鞣料涂在脸上,同时也给女儿用。结果令人惊叹。1953年,玫琳凯立即试着改用这种气味难闻但效果神奇的护肤品。她第一次涂在脸上后，她那10岁的儿子理查德从学校回家亲她说:“哎呀，妈妈，你真光滑。”她坚持使用这种产品达10年之久,然后决定自己销售它。

在遇见那位制革女士后不久,玫琳凯离开斯坦利公司,到世界礼品公司工作,直销行业中的达拉斯公司。在10年中,她帮助公司建立了遍及43个地区的动态销售组织。玫琳凯再次表现得很出色,得到多次提升和奖励,最后成为全国销售部指导,甚至这也是个降低身份的提升,玫琳凯说公司业主认为只有男人能做销售部经理,“因此他称我为‘全国培训指导’,只付给我一半的薪水”。这是1960年,玫琳凯年薪25000美元,成为经验丰富的指导推销巨头。她教男人推销术,他们不久就提升到薪水超过她的职位。对富有竞争力的玫琳凯·艾施来说,性别成为唯一可怕的障碍。玫琳凯通往总经理头衔的道路被性别歧视和掌权的男性总经理们潜意识的偏见阻挡了。玫琳凯总结这段生活经历:“我们被呼来唤去地干这干那,仅仅如此而已。一旦你跳出来,便开始自己的事业。”一位效益专家被请来分析这个公司,他建议玫琳凯,职位可以不要。

这时,她最小的儿子理查德·罗杰斯已20岁,她与一位营养总经理结了婚。在玫琳凯的生活中,第一次能享受经济安全感,不用承受沙文主义的压制,她立即辞去公司职务,审思自己的经历和才能,以积极姿态准备前行。

像莉莲·弗农一样，她坐在餐桌边勾画出妇女在男人统治的公司环境中遭遇的种种问题。她有两条线索,一条是关于她在美国公司中的种种弱点,另一条是避免这种不平等的理想型公司必须具备的方法。她决定阐述上班妇女，尤其是上班母亲，如何能被考虑到具有贤明达观等级制度的公司结构中，她的“梦中公司”将会人人平等，提升基于业绩，产品是考虑其适销对路和“市场化程度”，而不是“利润化程度”。

玫琳凯灵机一动，她已描绘了自己准备经营的公司类型，她立即将书中的主意移到玫琳凯化妆品公司的建立中，那是1963年夏天。

玫琳凯首要困难是寻找一种产品，她想到了神奇而气味刺鼻的鞣料产品，这是气味难闻的产品，但她自己已用了多年，觉得这种味道可以消除。提供鞣料的妇女已去世，她与其女儿取得联系，获得了使用这种产品的权利。它仍然气味怕人，但只要包装良好还是能得以去除的。玫琳凯用5000美元的储蓄买下这种未开发产品的制造权。她在一所达拉斯大办公楼旁租了间500平方英尺的店面，组建玫琳凯美容店。她唯一的产品是这单一的由别人提供的护肤品，销售利润分享。玫琳凯的丈夫是她的顾问兼行政管理经理，因为她知道自己无法胜任这项“新冒险”的日常管理工作。

在她的梦中商店开张前一月，玫琳凯的丈夫患心脏病去世，这是这位承受力强的妇女所遭受的第三个打击。葬礼之后，玫琳凯的律师劝她：“玫琳凯，立即清偿你的资产，收回你能取到的钱。如果不这样，你会分文不名。”玫琳凯的会计师提出同样的建议：“你没有可能做到。”但玫琳凯得到了孩子们的鼓励，她决定听从自己的内在呼声，她不顾一切地开了店，这天是1963年9月13日，星期五。

玫琳凯让23岁的儿子承担原准备让丈夫承担的日常管理。她首先决定将鞣料配方拿到达拉斯化妆品制造商那儿，让他们对此进行专业处理和包装，业主对她所做的事情几乎没想什么，他把这递给年轻的儿子说：“把这包料还给那女人。”3年后她痛快地实现了报复，她买下了这家公司，开始自己制造经营。

当记者问到玫琳凯增长策略时，她说“我从没想到会走出达拉斯”，她继续说，“我并不有意识地试图出去，而这一切都发生了。我们不久销往德克萨斯、俄克拉荷马、路易斯安娜和新墨西哥，不久便销往五个州。”玫琳凯像任何伟大企业家那些行事,她极其出色地执行着自己的梦,而不理会专家的意见。她对梦想深信不疑。

只要你肯努力,就能美梦成真

玫琳凯说:“许多人开创新事业是为了赚钱,但这绝不是我的主要动机，并不是我相当富裕而可以不在乎钱，我只是认为这个事业必须成功,否则我将没有第二次机会开创自己的事业了。”因为这时她已经是祖母了。

公司开张伊始,玫琳凯就致力于为广大妇女提供前所未有的经济独立,以及个人发展和个人成就的机会。玫琳凯将自己所信奉的“你要别人怎样对待你,你也要怎样对待别人”的黄金法则作为她公司的指导哲学和市场理念,大力倡导“信念第一、家庭第二、事业第三”的生活优先次序,用“你能做到”的精神来激励其他女性加入自己的事业。

而选择化妆品进行直销,这意味着玫琳凯必须与那时已有25年历史的直销巨人雅芳公司竞争。玫琳凯对传统的挨家挨户的直销方式进行了一次革命,她将自己的销售员称为“美容顾问”,以小组展示方式推销产品,每次参加活动的人数不超过五六人。玫琳凯说:“这种方式让我们的顾问方便指导妇女如何保养皮肤。”玫琳凯理所当然地成了公司的首席美容顾问。玫琳凯还采用当时一般公司并不采用的付款才能提货的政策,这使得公司不需要很多开办资金,更重要的是,她让她们只付零售价的50%购买整套产品,这远远低于一般的直销公司,使许多妇女从中更多地受益。这项政策不仅极大地鼓励了公司的美容顾问的工作热忱，也使公司免去了许多坏账。因为在直销业25年的经验使玫琳凯深知,直销员的坏账常导致直销公司破产。

创立第一年,在10来个“美容顾问”(销售人员)的共同努力下,公司的销售收入达到20万美元，第二年迅速上升到80万美元，并且拥有了3000名女性组成的销售队伍。1976年,玫琳凯公司正式在纽约股票交易所上市,这是第一次由女性拥有的股票上市公司。

此后,公司的业绩越来越好,从一个名不见经传的小公司成长为美国最大的护肤品直销商。今天,玫琳凯公司拥有85万多名独立的美容顾问(多是女性),在五大洲的37个国家设有分支机构,每年的零售额超过24亿美元，在过去的9年中,8次位居全美面部护肤品和彩妆销售第一名。《财富》杂志三次把玫琳凯公司列入全美最好的100家公司,是女性最佳选择的10个公司之一。玫琳凯也是《福布斯最伟大的商业人物》一书中20位商业巨子里唯一的女性，她把公司从一家小型的直销公司发展成为其业务遍布世界37个国家及地区、年营业额达25亿美元的全美最大的护肤品直销企业。

为女性创造一个美好的未来

美国谚语说“两个女人等于五百只鸭子”。玫琳凯其“女性主流”的企业特色,无论在美国,还是从全球的范围来看,都可说是唯一的壮举,也是世人40年来争论不休的焦点所在。由女性创办的企业,也算不少了,但除了少数的公司员工外,其一线销售人员百分之百是女性的企业,迄今为止,是“只此一家,别无分号”。

能把这群目前已达90万之众的“鸭子”拧成一股绳,除了由衷敬佩创始人玫琳凯·艾施女士的非凡能力之外,不免有些好奇,她是如何做到的?

这是因为,玫琳凯公司成立伊始就以“丰富女性人生”为己任,致力

于创建一个“全球女性共享的事业”。她想要提供给妇女一个不论在收入、事业发展机会及个人抱负等方面都能无限发展的机会。

玫琳凯的美容顾问包括社会各个阶层的女性，不仅有下岗工人、医生、工程师、秘书、公司职员，还有大学教授、律师、社会工作者等，不论是谁，她们都能在“玫琳凯”找到自己的新天地，尽享个人成就和职业成功。

玫琳凯，这个名字所代表的，不仅是玫琳凯公司的创办人，更是一种崇高理想的表征，一种伟大的信念的落实。

玫琳凯之所以成功，源于她不折不扣的服务于他人的商业精神。玫琳凯创业之初，就确立了“服务第一”的宗旨。在她的美容课上，她要求美容顾问们以“教”为目的，并非只“卖”。训练销售人员时，也要使得她们想着，“如何使这位顾客更美丽，更有自信心”，而不是，“今天我要从她身上赚多少钱”。这与今天许多著名公司所奉行的“以客户为中心”、“服务至上”的准则可谓如出一辙。玫琳凯相信这样的服务信念会使人眼中充满爱。

不仅如此，玫琳凯还希望公司所做的并不仅仅是制造和销售产品，而应该为广大妇女做更多的事情。她提出了公司应以“丰富女性人生”为己任。在事业发展走出美国后，她又提出创建“全球女性共享的事业”。在玫琳凯的大力提倡下，玫琳凯所奉行的黄金法则及生活优先次序的指导哲学和市场理念随着她和她80万美容顾问的身影迅速传遍全世界。人们评论说，玫琳凯·艾施在直销她的化妆品的同时，也在直销她的工作哲学和生活哲学。

最为重要的是，玫琳凯以她的企业结构，激励了千千万万的妇女纷纷成为小型企业经营者。在她自创的管理风格下，她以不断的鼓励及物质报酬来提升妇女的自尊和自信。有杂志惊叹：玫琳凯所解放的妇女，比美国女权运动领袖格劳瑞娅·史戴能解放的还要多。玫琳凯自己也认为，在她的整个事业中，最大的成就感，就是看到许多女性成功。因为玫琳凯知道，女性特有的直觉与本质，如果能够加以妥善地发挥，并且得到适当支持，她的成就将是无可限量。

玫琳凯公司的宗旨就是“丰富女性的人生”。在这一点上，作为玫琳凯公司成功人士标志的“钻石大黄蜂别针”，蕴含的深意就是如此。玫琳凯说：“从空气动力学的角度看，大黄蜂是无论如何也不会飞的，因为它身体沉重，而翅膀又太脆弱，但是人们忘记告诉大黄蜂这些。女性就是如此——只要给她们以机会、鼓励和荣誉，她们就能展翅高飞。”

她的努力得到公认，由于她在一向由男性主宰的管理世界的杰出成就，玫琳凯被视为当今世界最成功的女企业家。

美国《福布斯》杂志将她与美国“石油大王”洛克菲勒、“金融大亨”摩根、“汽车大王”福特、“软件大王”比尔·盖茨等人士相提并论，称他们是200年来20位全球企业界最具传奇色彩并获得巨大成功的人物，而她是其中唯一的女性。

1999年，她又作为唯一的商界人士与科学家居里夫人，诺贝尔和平奖获得者特丽莎嬷嬷等一同被评为“20世纪最有影响的妇女”。与此同时，她领导的公司在美国《财富》杂志全美500家大企业评选中也是榜上有名，并曾三度入选该杂志“全美100家最值得工作的公司”，该杂志还将它列为最适宜妇女工作的10家企业之一。而她本人获得的各种奖项更是不计其数。

2001年11月22日，玫琳凯在达拉斯的家中去世了，享年83岁。虽然她已经离开了人间，但从她写过的三本畅销著作《玫琳凯谈人的管理》、《我心深处》和《你可以什么都有》里，我们可以清楚地看到她的管理艺术、她的热情敏锐、她的艰难路程。

这位直销行业的“皇后”，玫琳凯王国的缔造者，成功女性的典范，以她丰富多彩的一生和令人惊叹的成就，在世界商业历史上画上了浓墨重彩的一笔。她的非凡故事留传至今，演绎为钢筋水泥的城市里一则不朽的现代传奇！

她的管理是漂亮的粉色

“你们愿意别人怎样待你们，你们也要怎样待别人。”这是全球著名化妆品企业“玫琳凯”的创始人——玫琳凯·艾施喜欢引用的《圣经》中的名句。2003年，即玫琳凯去世两年后，她被评为美国历史上最伟大的女性企业家，“她对这个世界最伟大的贡献在于她打动了女性的思想和心灵”。

由这位非凡女性创造的、以“人的管理”为核心的黄金准则，支配和推动着玫琳凯公司的事业和成千上万的企业管理。

在创业一开始，玫琳凯就决定采用一种可以激发工作热忱的管理方式，她发誓自己的公司绝对不能重蹈自己曾目睹的覆辙，要对所有的人公平，一视同仁。

在玫琳凯早期职业生涯中，一些不愉快的经历教给她很多待人之道。一次她参加了一整天销售讲习，有位销售经理做了一场激励士气的演讲，玫琳凯很渴望和他握手。“我在队伍中排了3小时，好不容易轮到我和他见面，但他从未正眼瞧过我一眼，只是从我肩膀上望过去，看看队伍还有多长，他甚至没有察觉到我正在和他握手。虽然我明白他很累，但我也是一样——在队伍中等待了3个小时，我的疲惫并不亚于他！我觉得受到了伤害和侮辱，因为他根本没有把我看在眼里。从那时起，我便下定决心，如果有一天人们排队来和我握手，我将给每一位来到我面前的人全然的关注，不管我自己是多么疲劳。”

在玫琳凯公司成为一家大公司后，玫琳凯曾多次站在长长的队伍前，和上百位人士握手长达数小时。一旦她感到累了，她总是想起自己从前排队和那位销售经理握手的情形，并立即打起精神，直视握手者的眼睛，尽可能地说些比较亲切的话。也许只是几句简短的闲谈，如“我喜欢你的发型”或是“你的衣裳漂亮极了”，但她尽可能给予对方全然的注意，而且绝不允许其他事情打扰自己。“在握手的同时，我都将对方视为最重要的人。”

每个月都有一批美容业务督导到达拉斯的总公司参观并接受训练，尽管每次都有将近数百人，但玫琳凯总是会抽出一天时间和她们一起上课，并邀请所有人到家中吃茶点，而且是她亲手烘烤的饼干。“很明显，让她们了解我是如何生活的，对她们是件重要的事，我自己乐于和她们在一起，我也期待她们来参观，因为她们对我是相当重要的”。

玫琳凯的管理准则可以换一句话进行解读，我们姑且称为PL模式——字母“P”和“L”代表的不仅仅是利润与亏损，它们还代表着人与爱。

粉红色的凯迪拉克、粉红色的小卡片、粉红色的化妆品……在玫琳凯的公司里，到处都充斥着粉色，而这一极具女性特色的颜色也正是玫琳凯最喜欢的颜色，她也正是希望将自己的公司打造成“粉色的”。

玫琳凯喜欢粉红色，这种粉红弥漫于公司各处，从粉红色的凯迪拉克，到粉红色的小卡片。这种风格，我们称之为柔性领导。其核心在于，不是通过大公司所普遍存在的“人吃人”的竞争来实现的，而是通过关注他人需求来实现的。

这是一种“以人为本”的管理风格：一方面，它能实现玫琳凯“丰富女性人生”的使命；另一方面，它提供了一种新的可能——如何全方位、更有效地激发人的潜力。危机之下，这种“以柔克刚”的力量更显特别。

玫琳凯认为，每个人都是特别的，每个人都希望感觉自己很出色。每当玫琳凯见到某个人，她就会想象对方身上带着一个看不见的讯号：让我感觉自己重要。玫琳凯就会立即回应这个讯号，结果每次都有意想不到的效果。

让员工知道CEO赏识他们，这是很多公司CEO都擅长的。但是，玫琳

凯把它做到了极致，并融进了企业文化。举个例子，玫琳凯的业务督导到总公司参观时，总部会铺红地毯欢迎她们。公司的每一个人也会盛情地招待她们。甚至，公司会给优秀的业务督导授予粉红色的凯迪拉克轿车的使用权。玫琳凯的逻辑是，“一开始，我就确定自己的销售队伍要的是一流的东西，如果那种东西实在过于昂贵，我们就干脆不用，也不会用二流的东西来替代”。

另外，玫琳凯的办公室大门永远敞开——对那些想来拜访的人而言，这是一种持久的邀请。当然。她有更进一步的考虑，这是一家“人对人”的公司，而不是“办公室对员工头衔”的公司。玫琳凯这么做的另一个目的是，她要营造一种氛围：一位优秀的管理人员必须是团队的一员。

在一张10cm×15cm的粉红色卡片上，玫琳凯写道：美容顾问或业务督导是我们生意上最重要的人物——她们是我们唯一的顾客。美容顾问和业务督导实际就是“销售员”的另一个说法，但是，玫琳凯总是不遗余力地营造“整个公司应以销售为导向”的文化。不管是研究部门、会计部门，或在发货部门，每个人的工作都是在支持业务部门，每一项决定都要先衡量对销售的影响。

乐施成为一项制度

创业之前，玫琳凯曾在几家直销公司工作过。当她跟随丈夫从休斯敦迁到圣路易斯时，她领教到由于地域划分而产生的不公平待遇。“在休斯敦直销公司，我每月可赚1000美元的佣金，那是我花了数年时间换来的成绩，结果当我搬迁后，这些全部消失了。我曾花费极大心血辅导和开发人员的成果让别人平白无故地接管，我真的很不甘心”。

因此，在玫琳凯公司没有地域划分，一位住在芝加哥的业务督导可以到佛罗里达度假，到匹兹堡拜访朋友并在那里开拓市场。不管她住在美国什么地方，新美容顾问所创造的零售额都会纳入那位业务督导的管理绩效中——这被称为“乐施领养计划”。

玫琳凯有几千名业务督导,她们大多数人的沙龙中都有不在本州居住的美容顾问。有些人的沙龙中的美容顾问甚至遍及十多个州。在外人看来,这种做法不可思议,根本行不通,但“乐施领养计划”却进行得很顺利。每一个业务督导都能从其他城市的美容顾问那里获益,同时她们也在帮助其他沙龙成员,以此作为回报。

其他公司的人问道:“为何每个人要努力发展此项‘乐施领养计划’,而不是干脆自己获得管理绩效?我为何要费劲地帮助你的美容顾问登上成功的阶梯,结果却是你在那里坐享其成?我能从中得到什么好处?”在玫琳凯公司,许多业务督导领养了上百个美容顾问,她们却从未有过这种想法。与此相反,她们想的是:“没错,我是在帮她们,可是别人也在其他城市帮我辅导美容顾问啊!”这套制度相当成功,而且没有其他公司有类似的制度。但玫琳凯指出,这种制度必须一开始就建立,如果是在公司成立几年后才采用,就不会如此有效了。

“乐施”精神来源于“给予”哲学,是一种给予多于索求的精神。“我也知道‘乐施领养计划’不是任何行业都适用的,但它可以成为想要建立‘帮助他人’哲学的领袖的一种管理模式。一位优秀的管理者绝不能眼中只看到钱,把员工仅仅视为利润的来源。我们把这种精神扩展至整个公司,上至高层主管,下至消费者。当每个人都愿意主动帮助别人时,自然就会获利。”玫琳凯如是说。

说到公司的销售方式,玫琳凯不希望美容顾问脑子里总想着:我能卖给她多少东西?相反,她总是在向美容顾问强调,要想想“我能为她做些什么,才能让她在离开这里时对自我形象的改善感觉良好?”

真正的公正待人

用玫琳凯黄金法则来解决管理问题,是指根据对方的优点,公平对待他人,而不是利用他人来达到自己的目的。有时,这种观念会和公司的盈利动机相冲突,但玫琳凯觉得这两者是可以并行不悖的。

管理者在升到公司的高层后,往往忘了他们在未提升之前所受的不

公平待遇，更过分的是，他们会想讨回来，“我的上司从未倾听过我的私人问题，所以你也不要用你的问题来打扰我”，或是“我的上司害我得胃溃疡，我也要如法炮制”。玫琳凯一针见血地指出：诸如此类的态度只会使人一再犯错。“当我一幕幕回想起来，我发现那些管理者并不像我原先想象的那般冷酷无情且不关心他人。他们大都是值得尊重、有才干的人，只是他们太相信自己的所作所为都是对的，他们未能设身处地地为下属着想”。

“我知道作为一名美容顾问，在外面奔波忙碌了一天却一笔订单也拿不到，回家时两手空空会是什么样的滋味。我也知道当一名业务督导用了几个星期的时间，为辅导新的沙龙成员付出了大量的爱心与关注，换来的结果却是新人还没开始工作就选择放弃，那种感觉有多难受。”玫琳凯毫不掩饰自己职业生涯中曾有过的类似经历，“实际上，在直销行业工作多年，大家能想到的大多数问题我都经历过。有些管理者总是试图忘记以前工作时遇到的问题，我却更愿意努力去记住自己曾经遇到的困难。我认为重视别人的问题，对管理者来说是很重要的，而最好的了解办法，便是亲身去体验！”

但是，正如慈爱的父母可以聆听小孩的请求，但不可能每次都予取予求。玫琳凯举例说，有的员工会要求不合理的加薪，却未能回报给公司相应的服务。“他也许会说：‘我太太刚刚失业，我们还有两个小孩在读大学，所以我需要加薪。’一位优秀的管理者也许会表示同情，但他不能答应下属的这种要求。为了公司，对这名员工或其他所有提此类要求的员工，任何管理者都只能说‘不’。”

“我了解这个回答很容易令对方不快，但这种回答是管理工作中不可避免的。我试着将它做正面理解，我希望那名员工能将拒绝变成更高的成就动机。”为此，玫琳凯会用以下几个步骤来处理问题：“首先，我必须让每位员工相信任何决策都不是专制的，因此我所做的第一件事是倾听和复述他的问题。接着，我会将他被拒绝的原因用合理的方式陈述出来。我会直截了当地说‘不’,这就不会让对方胡乱猜测你的真正意向。最后,我会试着建议员工经由别的途径达到他的目的。例如:‘比尔,我对你太太的失业也感到很难过,但你不妨这样想,她也许可以因此进入另一个新的行业,你甚至可以帮她找出真正的才干。天生我材必有用,每个人都有卓越的潜能。你为何不利用今晚好好和她谈谈,看看她真正想做的是什么?’”

遵行“黄金法则”并不表示公司是半慈善性的机构,也不表示员工不能被解聘或暂时被遣散。有时,管理者为了维护公司的利益,必须执行某种不愉快的工作,也会因此使员工失望或受到伤害。玫琳凯指出,在这种情况下,管理者必须使用最温和及最有耐心的方式来遣散员工。

在玫琳凯的有生之年,她一直在跟她的员工们孜孜不倦地讨论“黄金法则”,同时也希望每一个人都能践行它;而在她身后,“黄金法则”也成为许多企业的行动哲学。因为“离开它,人的管理就不可能成功”。

延伸阅读:

一个平凡女性的不平凡梦想

很少有公司像玫琳凯公司这样,公司的基础是建立在一套独特的价值观上,并且以拥有如此优良的传统为荣。

她以独特的企业文化改变了千百万妇女的命运,其创始人玫琳凯·艾施女士的传奇故事以及她为全世界妇女带来的产品及管理理念,使“玫琳凯”从一个只有9名职员、5000美元资金的家族公司发展至如今拥有全球44个国家和地区美容顾问86万名、年销售25亿美金的化妆品集团公司,她所创造的商业奇迹证明了她所一贯深信的原则:“人”是公司最重要的资产。

1963年9月13日星期五,玫琳凯·艾施女士用毕生5000美金的积蓄,

在她二十岁的儿子及九位美容顾问的协助下，在美国达拉斯成立了第一个占地五百平方英尺店面的玫琳凯化妆品有限公司。这是一个帮助女性梦想成真的公司，提供给妇女一个在收入、事业发展机会及个人抱负等方面无限发展的机会。

1964年，玫琳凯公司成为美国第一批拥有完整男士皮肤保养产品系列的公司之一。

1969年，玫琳凯送出第一批粉红色凯迪拉克轿车给前五名的督导；玫琳凯的达拉斯工厂竣工。今天，玫琳凯公司拥有美国西南部最大化妆品生产厂房，约有三个足球场大。

1971年，成立第一家海外分公司——澳大利亚分公司。

1973年，玫琳凯迎来了10周年庆，同时拥有21069名美容顾问。

1976年，公司在纽约股票市场上市。

1979年，玫琳凯第一位美容顾问的酬劳金累积超过一百万美元，现在她的酬劳金已累积超过六百万美元。另外有200多人的酬劳金在一百万以上。

1980年，继澳大利亚之后，玫琳凯又拓展到阿根廷市场。

1981年，玫琳凯第一本自传出版，至今在全球已销售两百万本以上。

1983年，玫琳凯公司迎来了20周年庆，公司年批发额已经超过三亿美元。玫琳凯拥有195000名美容顾问。

1984年，“美国100家最值得员工工作的公司”评比中，玫琳凯公司名列其中。“玫琳凯谈人的管理”一书上市，成为玫琳凯第二销量的书。

1985年，采用杠杆收购法回购所有流通股票，使玫琳凯公司回复私有、家庭式经营。

1987年，玫琳凯·艾施成为名誉主席。

1989年，在化妆品行业首开先例拒绝使用动物试验。玫琳凯发起环保活动，收集纸张、塑料、玻璃和铝制品。

1990年，玫琳凯运作于全球10个市场。

1992年，玫琳凯公司荣登《财富》杂志五百大企业之列。

1993年，玫琳凯公司再次成为“美国100家最值得员工工作的公司”之一，仅有55家公司连续两次上榜，并成为“十家最值得妇女工作的公司”之一。占地3000平方英尺，拥有30年直销历史的玫琳凯博物馆在总部建成。玫琳凯公司再次荣登财富杂志五百大企业之列，并前进57位。玫琳凯30周年庆，美容顾问人数共计340000名。玫琳凯在俄罗斯开了分公司。

1995年，玫琳凯发行第三本书，《你可以拥有一切》，一星期之内即跃升畅销书排行榜之列。

1996年，销售业绩连续第十年持续增长，批发金额超过十亿美元。玫琳凯·艾施慈善基金会成立，作为非营利性的公共基金会，提供资金用于妇女癌症研究。国际妇女论坛表扬玫琳凯公司对妇女地位的平等及提升有特殊贡献。玫琳凯·艾施在《福布斯：历史上最伟大的企业故事》一书中，与其他二十名企业家同时被报道，她是其中唯一的女性。

1997年，玫琳凯·艾施慈善基金会提供五十万美元给知名的癌症研究专家，专门针对妇女易患的癌症进行进一步的研究。

1998年，玫琳凯化妆品公司第三次荣登《财富》(Fortune)杂志“美国最值得员工工作”的一百家公司之一。在开业35周年之际，玫琳凯进一步拓展了其“粉红色汽车”奖励措施。《好公司》杂志对“美国最值得员工工作”的公司做了报道。“玫琳凯”成为14家被报道的公司之一和最常被报道的公司。《好公司》杂志对玫琳凯公司进行了进一步报道，包括介绍了其公司的文化和原则等。

1999年，生活电视台基于一年的在线投票的结果，授予玫琳凯·艾施“20世纪商界杰出妇女”称号。

2000年，玫琳凯·艾施慈善基金会也在全国范围内向防止针对妇女的暴力活动和妇女庇护所等项目提供了支持。《交互周刊》——InteractiveWeek命名玫琳凯公司为第四大全球在线零售公司。

2001年，玫琳凯因为建立了玫琳凯个人网站而被直销协会授予“行业创新奖”，同时她也让独立美容顾问有机会拥有自己的网站。这个奖项用于认可公司在直销行业中率先使用了先进的科技方法。玫琳凯公司和玫琳凯·艾施女士慈善基金资助的“希望的旅程，能打破沉默”节目在全美的450个电台播放。

2002年，“玫琳凯”销售又创新高，业绩达到将近1.6亿。

2003年，玫琳凯独立的美容顾问人数逾一百万。玫琳凯公司迎来了40周年庆。迄今为止，玫琳凯慈善基金会已累计资助了400万美元用于全美各地的抗癌研究。贝勒大学把玫琳凯作为最伟大的女性企业家载入美国历史。